文史哲詩叢

楊拯華著

詩寫錦繡江山

文史哲出版社印行

國家圖書館出版品預行編目資料

詩寫錦繡江山 / 楊拯華著. -- 初版. -- 臺北
市：文史哲, 民 96
頁： 公分. --（文史哲詩叢；77）
ISBN 978-957-549-731-6 (平裝)

851.486 96015789

文史哲詩叢 77

詩寫錦繡江山

著 者：楊 拯 華
出版者：文 史 哲 出 版 社
http://www.lapen.com.tw
登記證字號：行政院新聞局版臺業字五三三七號
發行人：彭 正 雄
發行所：文 史 哲 出 版 社
印刷者：文 史 哲 出 版 社
臺北市羅斯福路一段七十二巷四號
郵政劃撥帳號：一六一八〇一七五
電話886-2-23511028 · 傳真886-2-23965656

實價新臺幣三〇〇元

中華民國九十六年（2007）八月初版

ISBN 978-957-549-731-6

前言

指點江山，「遠遊無處不消魂」（宋・陸游），物華天寶，滿眼風光入畫來。大好江山如此迷人多嬌，名人勝跡如此令人心悸，歷史煙雲如此使人動容。能不激揚文字，梳理眼底風濤成詩句。詩句企（豈）能註解千里錦繡河山面目，企（豈）能傳神千古文化風景流韻。

神州浩蕩，名勝古跡多矣，三十一處世界自然文化遺產，四十四座世界級國家地質公園，四大叢林，六大名樓，六大古都……，北緯三十度線上，奇山奇水、奇樹奇石、奇跡奇景多矣。有生之年，有幸能到幾次？能遊幾處？

人生待足何時足？未老得閒始是閒。「人莫樂於閒，非無所事事之謂也。……閒則能遊名勝。……天下之樂，孰大於是。」（《幽夢影》）筆者退休後惟恐辜負大好「閒」時，忙於閒遊，閒寫閒遊詩，只合閒中看。

感謝妻燕娟不畏坐骨神經痛，一路相伴，助我自助閒遊。起居由我，久暫由我，山焉水焉，早焉晚焉，無可無不可。予我自主妙趣，方寸彌六合，契得山水之樂，豈止刻骨銘心感謝而已。

二〇〇五年七月三日寫於桃園寓所。

時齡虛歲花甲。

詩寫錦繡江山　目次

川西名勝

成都古蹟

東嶽泰山

朝山

風塵奔走過了
艱辛歷盡過了
因果研究過了
自詡功德積成
自喜暫遠紅塵
自知名言莫罄
千葉石蓮裡
源頭活水中
感覺到膚寸升雲
感覺到身墮煙霞
天在山中
用心朝天下第一山

登山

不登何以造極
從孔子登臨處登
隨皇帝封天腳步登
步步登　奮力登　勇力登
是登仙境　是登歡喜地
直上危巔休怯險　登山畢竟要雄才（註）
人生如登　從善如登　共登青雲梯
古登封台上　漢武帝無字碑前
呼吸宇宙　小看天下
從此一登臨
從茲俗慮自銷沉

註：清・繆潤紱詩句。

九十三年八月《葡萄園》詩刊一六三期

普照寺

其一——山寺本色

寺藏在深塢裡
石太奇　松太青
竹子太明　花太軟
僧人太愛安禪
擊磬唱和流水

寺有古松　居然閱六朝
菊林盂隱　仍見詩碑如林立（註）
碧岫煙雲若隱
莓苔紛亂侵蝕
太多的清雅寂靜的本色

註：「菊林盂隱」在寺西院，清朝住持詩僧元玉在此遍植菊花。現有多座馮玉祥白話詩刻石碑。

其二——師弟松

僧栽松
見松見性見佛
松蔭僧
松影長護禪關
松下誦經　松也是經

松曰好青　僧曰好禪
同是天地一物　同依佛門
風來松不驚
僧來松不動
僧去松還在
松也僧
僧也松

註：松係清代寺僧理修入寺時與師共植，理修以松為伴，誦經習文。

紅門宮

人間靈應無雙境
天下巍巖第一山
天階坊楹聯

兩塊紅石　並列如門
清晨日出　通紅一片

山巒響泉聲
宮中沉磬聲
此處奉祀九蓮菩薩
雲影雪影都護禪靈

一天門初步
天階前引
孔子登臨處回首
泰山城已在眼底

萬仙樓

丹樓倚山椒
雲是仙居處
澗水通瑤池
青鳥自來去
清　趙國麟〈萬仙樓〉

冉冉的古生綠竹結根在樓北
挺分天雲的三株古柏在樓東

樓外山鳥鳴脆　山澗鳴珮
山花芳香　山色蔥蘢
與竹與柏與石
繚繞吟哦成風月無邊的景

風清月白之際
水月交輝之時
諸仙樓上會聚

斗母宮

逸興淋漓筆放開
山游大好煉詩才
撐胸莫怪添邱壑
人自層峰頂上來

清　繆潤紱〈斗母宮聽泉〉

泉聲依著松濤升唱
磬聲飄浮雲中迴響

龍泉亭下　三層疊瀑
若素女飄飄浣銀紗
若匹練層層墜銀輝
風聲雨聲中
似有臥龍翹首望雨聽泉

註：宮門外有明代古槐樹，虬枝仆地，蟠根生幹，又成一樹，狀如臥龍翹首。

經石峪

字大如斗　如座座石刻
似隸非隸　似楷非楷
印泥畫沙　草情篆韻
大字鼻祖　榜書文宗

何時的傑作
何人的大手筆

高山流水靈呵梵石千載文
石欄外遠眺
金剛般若波羅密經
不再模糊

註：經字僅餘一仟零六十七字。建有水壩，引水旁流，周圍建石欄保護。

柏洞

古柏嶙峋
斜柯交錯如盤龍
蜷形蟠態如虎騰

古柏蔭翳
午晴似天暝
翠濛似綠雨

古柏渾然成隧洞
洞中柏濤洶湧宜人
柏嘯雲路先聲

綠煙落髮間
蔥蘢入襟中
洞中行行
步步清爽骨脈

壺天閣

壺天日月開靈境
盤路風雲入翠微
清　廷璐

山從三面迎來
一面古松遮面

山勢若壺
仰視若壺中望天

天上白雲在山的更上層
碧綠溪水在山的更深處

雲水山樹間
不是神仙亦飄然

迴馬嶺

昔人回馬地
進馬跋岩扃
夫子有明訓
功毋一簣停

清　乾隆帝

白雲棲石崖
竹柏蔭石崖

石崖壁立
石磴曲折
石坊高大

翠色盤路
開始在雲中轉

註：嶺古稱石關。

中天門

山情似欲呈人媚
客袂偏宜襲草香

明　蕭協中〈中天門〉

雲鎖洞門　煙生壁水
十八盤如天掛雲梯
南天門如同天闕

伏虎石　太古蒼寒色
虎古籀　淳古蒼勁力

剪尾翹首
目送纜車破雲飛
飛去峰頂

註：中天門側有巨石仆臥如虎，斑紋似虎。石壁上有清代吳大澂古籀象形「虎」字刻石。

雲步橋

百丈崖高鎖雲煙
半空垂下玉龍涎
天晴六月常飛雨
風靜三更自奏弦

明　陳鳳梧〈咏瀑布泉〉

橋上行走摘雲朵
仙氣飄渺
朦朧浪漫
片石雲中出
玉女九天來（註一）
橋下穿行照水淺
蒼水珮懸
青天有風雨

依石欄看山澗層出石瀾
數匹練傾萬斛珍珠
草綠楓紅
四面峰嶂撑翠幄（註二）
清風稷稷
水花飛舞騰雲端
雲橋飛瀑
處處大好景眼

註一：《列仙傳・注》：「玉女，太華神女。」唐・李白〈泰山吟〉：「玉女四五人，飄飄下九垓。」

註二：橋北石崖名「百丈崖」又稱「御帳坪」，坪下瀑布飛懸。傳說宋眞宗爲玩賞「雲步橋」的月色泉聲，曾命臣民在瀑布石坪鑿穴支帳野宿。

迎客松

傳為秦時古松
枝杈如虬龍蟠折
針葉如奮起長鬚
樹皮如龍鱗磊砢
高聳雲霄
垂蔭群木上

樹冠偃伏如傘蓋
仰望翠濛如醍醐灌頂
一長枝下垂
似招手迎人
一派溫文儒雅
迎客亂雲中

對松山

岱宗最佳處
對松眞奇趣
清　乾隆帝

雲壑夾翠
雲影疊翠
雲松相襯相對
亭裡綠雲翻湧

松濤成轟鳴如巨浪拍岸
心蕩松谷　不知自我
松濤成響連幽洞如聽鳴琴
猶聞太古音

耳根何幸塵緣洗
在此盤桓
懶去問蓬萊

十八盤

眼前杯空群山小
腳底波濤萬壑同

清　陶澍〈由升仙坊陟岱〉

岩壁削掛松簾
疊嶂叢游白雲
喜看山峰清晰本色
識見浮雲悠然意趣

升仙坊上
山風似笙樂鳳鳴
羨仙企仙
豁達天門
已在指顧間

註：「升仙坊」在磴道「十八盤」中間，舊有遊人過此坊即可得道成仙之說。

南天門

門闢九霄仰步三天勝景
階崇萬級俯臨千嶂奇觀

摩空閣楹聯

一關獨啓　一竅可通（註一）
朝天有路矣
詩仙在此高歌　萬里清風來
詩聖在此遠眺　齊魯青未了
陰闔陽開　天地交泰
風氣激盪　精神飛揚
閶闔仙門　就在眼前（註二）

註一：南天門下兩山對峙，山陡路狹。明·陳沂〈南天門〉詩：「千尋不假鈎梯上，一竅惟容箭栝通」。

註二：《離騷》：「吾令帝閽開關兮，倚閶闔而望余。」閶闔，傳說中的天門。

碧霞元君祠

環珮疑天際
馨香自古時

清　施補華

宋朝鏟石為龕
造天仙玉女像
靈風吹動石壁
明朝鑄銅身鎏金
造碧霞元君像
雲氣湧進天宮

已來廟裡　應達廟境
展開妙道　妙悟玄道
既入真門　應秉真心
忝透真玄　既真自在
泰山奶奶　福綏海宇

唐紀泰山銘摩崖碑

明皇八分洵邁古
大書深刻高崖峭

清　沈廷芳

封禪活動　值不值得
刻石表功　務不務實
銘文內容　誇不誇張
姑且不論

玄宗得意之筆
鸞鳳翔舞　怒猊渴驥
遒勁婉潤　羈束安閑

不慚漢碑
蓋自漢以來
碑碣之雄壯
未有及此者

孔子崖

仰之彌高鑽之彌堅可以語上也
出乎其類拔乎其萃宜若登天然

清 徐宗干

泰山岩岩 魯邦所詹（註一）
泰山文化聯貫孔子學説
仁道在邇 求之若遠（註二）
道不得行

孔子喟然回顧泰山

孔子至此見天下之小
山風振衣
群山一覽

註一：《詩經・魯頌・閟宮》。
註二：《丘陵歌》傳爲孔子所作。

玉皇廟

危閣倚層霄
山河入望遙

明 仲玄永

廟在泰山最高處
道出迢迢天路的廟
傳出遙遙天語的廟
四大奇觀圍繞的廟（註）

朱旆在霧露中飄展
笙樂在雲霞中飄蕩
統馭群靈 絪緼真宰

玉皇大帝朝朝暮暮高居在
深冥沉寂的廟裡

註：四大奇觀係：旭日東昇、晚霞夕照、黃河金帶、雲海玉盤。

岱頂

眼底乾坤小
胸中塊壘多
峰頂最高處
拔劍縱狂歌

現代・佚名

泰山之巔　石多象形
有的如老人傴僂　如虎攫物
　如獅蹲地　如龍夭矯
有的銜接撐抵　拱懸如橋
　懸空探出　長約二丈
泰山之巔
雲沾肌膚
舉足騰雲
雲氣出為天下雨（註一）

海岱縱目
海聲吹上日邊風（註二）

泰山之巔
呼吸通天
我欲御風
扶搖九萬里（註三）
昂頭天外
與天地佼

註一：清・陶澍詩句。
註二：同前。
註三：《莊子・逍遙遊》：「搏扶搖而上者九萬里。」扶搖，由下盤旋而上，指旋風。

長清靈岩寺

靈岩勝境

樹抱石爲眙
泉飛峽成調

清 乾隆帝

山多積翠
起伏跌宕爭獻秀
樹多松檀
滿目老枝欲化龍
石多奇觀
如矛如台如室如樓如閣
泉多名泉
李白題詩 乾隆題字
山樹石泉之美之勝出

壓盡江南萬重山
文物古蹟之珍之完好
四大名刹 四絕之首（註一）
皇家珍愛靈岩好（註二）
遊泰山而不遊靈岩 不成遊也（註三）

註一：有唐以來，即與浙江天台國清寺、湖北江陵玉泉寺、江蘇南京棲霞寺，並列四大名刹，且素有「四絕之首」。文革期間，因軍方在寺中存有器械，幸免浩劫。

註二：唐高宗、武則天，先到靈岩拜佛，再到泰山封禪。乾隆在此建有行宮，南巡八次，駐蹕於此。

註三：清．王士禎語。

大雄寶殿

僧供佛時
松漫山頂佛頭青
僧講經時
泉水泊泊僧眼碧
僧坐禪時
無時無刻　無盡天機

佛有大力　能伏四魔
僧有方便　可化萬心
心中有佛　自然安心

殿外古柏參天　銀杏合圍
千年古樹　依然長青
佛法常新

註：殿建於宋嘉佑年間，明萬歷年間重修。

辟支塔

寶塔巍峨震地靈
摩雲劍閣映高屏
應經練石女媧手
玉柱擎空碧海青

明　王重儒

覆鉢　相輪　寶蓋　圓光　仰月
組成頂冠鐵塔刹
八條鐵鍊　八位金剛承拽
玲瓏奇巧

古塔　佛塔　靈塔　寶塔
密檐樓閣式建築
神州獨此一塔

註：塔始肇宋淳化五年（九九四），嘉佑二年（一〇五七）建成。歷時六十三年。

墓塔林

高低錯落
蔚然成林
石刻藝術之林

每座塔的時代不同
類型不同
風格不同
每座塔的每一局部
各自不同
或質樸　或華麗
或精巧　或大方

塔座石雕
浮雕的　圓雕的　平雕的
技法不同
人物　動物　蓮花
圖案場景不同
晨鐘　暮鼓　晝方
高僧圓寂的時辰不同

道行圓滿相同
來世得作佛

註：墓塔林包括唐、宋、元、明、清歷代高僧的墓塔和墓碑。現存塔一百六十七座，碑二百四十餘座，墓誌銘八十一幢。濟公墓塔亦在其中。僅少林寺可與之媲美，而靈岩寺石塔之多，則首屈一指。

千佛殿彩塑

四十尊宋代的彩色泥塑羅漢環坐
脱履的　指畫的　撫掌的
柱杖的　端拱的　屈膝的
慈眉含笑的　怒目而視的
舉目遠眺的　凝神沉思的
喜形於色的　寒滄潦倒的
像在表演　如在講説
服飾繡紋可數　腹腔可見
青筋脈絡　呼之欲出
栩栩如生的「海內第一名塑」（註）

註：梁啓超先生語。

可公床

石上坐禪
一坐度小劫
坐到三更後
空谷無人夜色涼
石上參禪
看出甘泉漱玉　潺潺西流的歸處
看出松舟挺翠　樹樹蓮台的清涼
坐出參出
南瞻日觀峰　是我昨日造（註）
坐成參成
靈山一派

註：乾隆帝詩句。「可公床」係一危巖遮蔽的石台，明代靈岩寺住持可公，經常在石上坐禪。

曲阜孔廟大成殿

德冠生民溯地闢天開咸尊首出
道隆群聖統金聲玉振共仰大成
　　　　　　　　　　大成殿楹聯

氣勢只有故宮太和殿可比
一千三百一十六條龍
在此升騰盤繞
氣派壓過金鑾殿

萬世師表　康熙題的
生民未有　雍正題的
斯文在茲　光緒題的
封號登峰造極

天不生仲尼萬古如長夜（註一）

夫子是集古聖先賢之大成者（註二）

大成殿
兩千餘年
中國人生活和文化的
精神寶殿

註一：西漢司馬遷語。
註二：宋徽宗尊崇孔子「集古聖先賢之大成」，更名大成殿，並御書匾額

泉城濟南

千佛山興國禪寺

千山千佛佛佛道同開覺路
萬世萬代代代相傳印心燈

大雄寶殿楹聯

其一

齊煙九點牌坊前
齊魯青來
九州遼潤　四海廣大
天上視之　不過點燈杯水
隨石作形
石洞千佛
造像雖精湛
鐘鼓雖常鳴
佛號雖嘹亮
世間名利客
苦海夢迷人
幾時驚醒
喚回幾人
千佛崖下　黔婁洞
黔婁先生　安貧守賤
真正清高者
隱仕修行　度化衆生

註：千佛山古稱歷山，相傳舜曾耕於此。隋文帝爲紀念其母在懸崖峭壁雕鑿衆多佛像，與洛陽龍門石刻、敦煌壁畫、靈隱寺巨佛齊名。唐貞觀年間改名爲興國禪寺。寺前有「齊煙九點」牌坊景點，源出唐・李賀〈夢天〉詩中意。黔婁，春秋齊國高士，曾隱居於此。

其二

祈求什麼呢
已經來到洞天福地
千處祈求千處應

參悟什麼呢
身在雲徑
禪關可闖
悟後今日非昨日

研讀什麼呢
心經　金剛經　般若經
經在碑上　佛在心上

只喝一杯水
多念一句佛
智慧無邊不可說

趵突泉公園

趵突泉

三柱鼎立　三迭水簾
泉間湧玉林　平地激冰壺
趵突騰空
縱橫過二仟七百餘年

泉已不上奮
簇簇串串飄飄悠悠
大小水泡　湧珠萬斛
風蕩一池珠

遊泉亦遊園
花香樓影中
秀石古木裏
亦遊泉水的歷史脈絡

漱玉泉

泉流此澗瀑飛玉
靜日如聞漱玉聲
纖手掬來清澈骨
高人宜爾濯塵纓

明　晏璧

泉邊綠柳成蔭
絮花空舞粼粼
泉水從平滑的石板上流過
像是一幕水晶簾
　一面玻璃鏡
泉水斜濺在雲集的秀石上
溢流穿隙
細細地　冷冷地
淙淙地　琅琅地
響若漱玉

泉邊一代詞人舊居
泉邊仕女來
清照昔年人
詞人一生潔白正直
如泉水晶瑩透明
筆下一派天真
如水漱玉

註：宋代傑出女詞人李清照曾於此以泉為鏡，面
　對泉水，構思佳詞妙句，掬水梳妝，填詞吟
　詩。她的作品《漱玉詞》即以此泉命名。

李清照記念堂

墮情者醉其芳馨
飛想者賞其神駿

清 沈曾植

依詞人故居修建
格局雅緻清幽

一代詞人
文采有後主遺風
千秋傳誦

依詞人形神塑像
秀氣 書卷氣 愛國剛毅氣
飽經風霜滄桑意
多少事 欲語還休

依詞人詞意
院中種菊
詞人愛菊
詠菊也是自詠（註一）

院中溪亭
常記溪亭日暮

詞人已有舊居
冷清已成轟烈（註二）

舴艋舟 還有多少愁
載不動

註一：「秋日賞菊」已成趵突泉公園的特色活動。

註二：郭沫若先生〈李清照記念堂〉詩作（一九五九年）：「一代詞人有舊居，半生飄泊憾何如？冷清今日成轟烈，傳誦千秋是著述。」

象形奇石

龜石像龜
壽山艮岳遺物
挺拔露骨　多空竅
筋絡明顯　多凹凸
鎮城之石　濟南第一石山

虬石像有角的小龍
清潤秀奇　線條柔中見剛
纖細矯健　紋路縱橫交錯
栩栩石像
喜見神龍　見首又見尾

夔石像獨足的奇獸
宋徽宗加封的精秀珍石
千竅百孔　嶙峋俏麗
擊響夔石　想像聲聞五百里（註）

壽石像顆粒風化的壽字
渾圓雄秀　形象逼真
草書的飄逸
篆書的古樸
天降的石
飛來的石

形似的奇石
神似的奇石
造化鬼斧神工的石

註：《山海經・大荒東經》：「有獸，形如牛，蒼身而無角，一足，名曰夔。黃帝得其皮爲鼓，聲聞五百里」。
「龜石」位於公園東門西北側廣場西端綠竹叢中。「虬石」位於金線泉北側花叢中。「夔石」位於老金線泉旁。「壽石」位於萬竹園西側溪旁，又有「天降石」、「飛來石」的雅稱

大明湖公園

遐園

迴廊如曲徑
曲徑接樓堂連池塘
轉折在巧妙的疊石佈局中
穿梭在扶疏的花木綠蔭裡
浩然亭登高觀湖色
讀書堂自有讀書樂
令人思路開闊
馳騁想像的雅園

註：園仿浙江寧波「天一閣」，「南閣北園」名重一時。「遐」有馳想，高遠之意。

辛稼軒記念祠

鐵板銅琶繼東坡高唱大江東去
美芹悲黍冀南宋莫隨鴻雁南飛

現代　郭沫若

志士塑像
神似正在「醉裡挑燈看劍」
正待「了卻君王天下事」
六百首長短句
應已「贏得生前身後名」
稍釋志士淒涼閒裡老的寞落
祠後九曲橋伸入湖中
臨湖樓上憑欄遠眺
「水隨天去秋無際」

註：辛棄疾號稼軒，濟南人。「」中係其詞作。

歷下亭

兀立碧波之中的亭
繁花綠樹之間的亭
傾倒千秋多少客的亭
千年入詩人咏嘆的亭

名亭　名詩　名書法
三絕名聞遐邇
名士名遊
李邕　杜甫已往矣

濟南過客
今日才子
誰能繼亭下
千古風流韻事

小滄浪

長廊代圍墻
園外綠波輕煙
園內亭台花木
巧於借景

十里外佛山皆在幾席間
山翠欲流
水雲花氣搖蕩半陂峰影間
風來香動

最富大明湖風情的佳聯在此（註一）
老殘遊記中的佛山倒影在此（註二）

註一：「四面荷花三面柳，一城山色半城湖」（清朝劉鳳誥撰，鐵保書）。鐫刻園內月洞門兩側。

註二：見《老殘遊記》第二回。

鐵公祠

湖尚稱明
記得公曾在湖上練軍
公真是鐵
鼎鑊不蝕鼎石（註）
紅柱青瓦　曲廊相圍
古樸肅穆的鐵公祠
碧血照湖光
浩氣長存的鐵鉉公

註：鐵鉉河南鄧州人，任兵部尚書等職，他辦案公允，頗有政績，明太祖時賜字「鼎石」。建文帝時任山東參政。燕王起兵南下，他孤軍奮戰，城陷被俘。他被投入油鍋，死得極慘。死時年僅三十七歲。

匯波樓

何處登臨思不窮
城樓高依半天風
元　張養浩

點金彩繪建築
八十八根絳紅色圓柱撐托
石欄箭垛　北宋舊物
華山鵲山高聳偃臥東西
遠處山巒如畫
依依垂柳　田田蓮葉
近處湖水如畫
鳥飛雲錦　景物相誇
登樓　人在丹青萬幅中（註）

註：元朝張養浩〈登匯波樓〉。

南豐祠

北宋一燈傳作者
南豐二字屬先生
南豐祠楹聯

其一

千年古香檀木精雕先生像
栩栩體現
文人氣質和儒吏風度
虛竹幽蘭　荷蕖湖池
秀麗風韻
晏公台上古柏
枯而不仆　鳳凰棲過
金代古鐘完好
光亮圓潤　十里可聞
先生熱愛大明湖
游湖詠湖
紫荷香裡聽泉聲（註一）
先生愛民利民
調任離職
百姓絕橋閉門留之
至夜間乃得去（註二）

註一：宋・曾鞏詩句。
註二：曾鞏，江西南豐人，字子固，世稱南豐先生，唐宋八大家之一。北宋熙寧五年（一〇七二）任齊州（濟南）知州。他吏治清明，關心民衆疾苦，推行水利新法，消弭水患，多有除害興利創舉。州民感恩，建祠記念。

其二

雨荷廳中
聽雨觀荷

荷葉映日
好似翡翠披上霞光
引來彩鳳

荷花蕩漾
好似藕神水中舞影
是耶非耶
靜觀清境生靜氣

雨灑荷葉
珍珠落綠盤
水聲四面來

雨滴荷葉
花開漣漪生
水聲香裡響
靜聽清音客夢清

雨荷廳外
古水仙祠玲瓏在湖畔

註：祠院內南側有四面長亭三間，凹形曲池環繞，亭之南緊鄰湖水。亭題名「雨荷廳」，應是影射民間傳說夏雨荷與乾隆皇帝的一段韻事。又《老殘遊記》第二回中所載的「古水仙祠」，即在廳外圓門東邊。今已修復，楹聯依舊寫的是：「一盞寒泉薦秋菊　三更畫舫穿藕花。」

冰城哈爾濱

聖 索菲亞教堂

洋蔥頭式翠綠色的大穹頂
蓬勃向上的想像空間
耳房上的帳蓬頂
猶如林中精壯的古木

大小套疊的磚砌拱券
變化生動
彩繪宗教圖案的內墻面
高大寬敞明亮的空間輪廓

濃郁歐陸韻味的廣場
燈光拱托下
有如中世紀夢幻城堡的遐思

中央大街

焦點是兩側洋味濃厚
雖然古舊
風采依舊春春的
各種風格
型式迥異的建築

路面鋪著像俄式小麵包的花崗方石
密密匝匝　鋪得很牢實
精精巧巧　鋪得很藝術
還是七八十年前原樣的光滑
還能耐磨上一二佰年

盡頭是斯大林公園
松花江風光一覽無遺
哈爾濱獨特的異國風情
感受無窮

馬迭爾賓館

令人陶醉的新藝術建築
有小凡爾賽宮殿之稱的建築
每層樓的窗户都不同且精彩
豐富的裝飾線腳與優雅的墻面
劃分結合
是建築的韻律之感

每層樓的陽台都不同且精美
二樓的是渾厚的磚砌墩垛
三樓的是通透的曲線欄杆
刻劃精巧的鐵鑄花飾
如纏繞的絲蔓
盛開的花朵
是建築的提神之處

每座女兒墻都多姿且多彩
或層層疊疊　或飛流直下
有氣勢　有動感　有生命力
是建築的點睛之筆

綠色穹頂　輕盈精緻
德國古典風格
是建築的景觀之點

充滿傳奇和神祕色彩的建築
印証哈爾濱百年滄桑的建築
曾經黯淡負傷
再度燦爛輝煌
時光交錯
歷史疊壓
馬迭爾賓館
卻越發風華盡現

兆麟公園——冰燈藝術博覽會

玲瓏剔透放光明
一片心同徹底清

現代　沈兆禔

晶瑩澄澈的冰
鑿自松花江的原生冰
五彩繽紛的燈
別出心裁多元表現在冰心的燈

冰塊取代磚塊
清水取代水泥
平地一樣起高樓
冰塊運用的淋漓盡致

冰圓雕　冰浮雕　冰透雕
冰晶花　冰建築　冰園林

凝固的　詭異的　玉砌銀鑲的
冰的世界

表現出瓊林瑤池的玉皇大帝宮闕
表現出水晶為階
人行鏡中的天上廣寒宮
表現出四壁晶明
鑑影炫目的龍王水晶宮
表現出人間的夢幻樂園

年年有變化
永不重複的童話

註：冰燈是北方取代燈籠的民間藝術品，清朝在嘉慶年間已有冰燈盛會。哈爾濱素有中國冰雪藝術之都的美譽，百年歷史的兆麟公園是冰燈藝術的搖籃。二〇〇二年第二十八屆冰燈節以「絲路奇苑・塞外冰雪」爲主題，計分八十景區。

太陽島—雪雕藝術博覽會

仙佛鏤空誰得似
美人獅象雪雕成

現代　沈兆禔

清雪　似粉似煙
揚揚如塵埃
小雪　似花似鹽
濛濛如細雨
大雪　似棉似絮
飄飄如鵝毛
暴風雪　似炮似刀
冥冥如玉龍
雪的風采
雪的傑作
盡在雪的雕塑

雪的雕塑是雪地的夢幻
可以盡情揮灑造型的變化
　充份想像空間的無垠
　依意創作藝術的精彩

雪的雕塑是雪地的奇葩
比水晶柔潤
比白玉潔白
比大理石細膩

千姿百態
唯妙唯肖的座座雪雕間
驚艷的雪神
翩翩起舞
不忍驟然離去

註：雪雕的雪質密度較高，係原生雪壓縮。二〇〇二年的博覽會是第十四屆。

洛陽牡丹花展

玉梭金線曉妝寒
妙入天工不可乾
宋　仲皎〈詠牡丹〉

冰奇燈巧的兆麟公園溫室中
洛陽牡丹
反季節盛開

真個名不虛傳
牡丹地確雍容華麗
真個轟動冰城
牡丹帶來冰城好運

願年年歲歲
處處相逢洛陽牡丹
願歲歲年年
人人吉祥幸福

東北虎林園

東北虎是虎中體型最大的
　是虎中最雄壯威武的
　是虎中最有王者氣概的

林園中的東北虎
是保育瀕臨絕種動物
成功的見証

東北虎屬於富饒的黑土地
　屬於全人類

保護環境
保護野生動物
就是保護人類自己

極樂寺

七級浮屠塔

靜聽檐下鈴聲
聲聲傳來鈴外風聲
靜看塔前雪色
色色本是本色

繞塔念佛
誠信增福壽
繞塔丈六現金身
慈雲普蔭
繞行塔內塔外
天上天下無如佛

塔旁五百羅漢殿　阿彌陀佛殿
靈山法會　儼然未散

玉佛閣

佛面猶如淨滿月
亦如千日放光明

如是妙相　歡喜妙相
莊嚴妙相　罕見妙相

以慈以悲以喜以捨的
大而化之的妙相

為高為遠為永為明的
雄且壯也的妙相

世間所有
佛已盡見
清淨佛門
我已體會

江城吉林

霧淞

園林初日靜無風
霧淞花開樹樹同
記得集英深殿裡
舞人齊插玉龍松

北宋　曾鞏〈冬夜即事〉

雪晶霧中凝華
柳枝松葉皆成奇花
荒葦枯蘆亦成瑤草
天女一夜之間散下的「琦花」
晶瑩六角毛絨絨重疊起伏的「冰花」
攀枝掛樹
像白菊　白牡丹　白玫瑰
盎然怒放　栩栩如真花
像白珍珠　白珊瑚　白琉璃
錯落有致　濃濃有韻味
瓊玉肌理　琳琅身影
樹樹竟成玉壺
銀絲搖曳舞成「雪柳」
吐霧噴雲中的
冰天雪地中的
冬之魂魄
天公「夢送」藝術之精品
「樹掛」霧雪極美之幻景
北國風光之精華
江城吉林之天寶

註：「」中各詞句係霧淞一詞的別稱。

隕石雨

霹靂震響大地顫
天外來客闖人間
隕石星雨從天降
塞外江城把家安

現代・佚名

比滿月還大
帶有一圈淡藍色光環
拖著一束光帶的
粉紅色火球
天外飛來
瞬間高空爆裂聲
悶雷回盪聲
響徹天際
巨大的黃色蘑菇煙雲
衝天而起

霎時萬千金石　如雨傾瀉
二十餘年前
吉林市郊下了一場很特別的雨

世上最大的一場隕石雨
最大的一塊石隕石
搜集到礦物標本最多最珍貴的一次
最典型最完美的一張隕石雨分布圖

隕石是古代的兵器
是和女媧補天的傳說有關
是播種生命的重要媒介
是帶來宇宙信息的使者

吉林隕石雨
天外來客
罕見奇觀

北山公園

泛雪堂

腳下煙雲已堪憩息
憩息時爽借清風
耳際已聞梵唄
梵唄一曲奏法華三昧

眼前城市已隔喧囂
動觀山下江水
靜觀山上雪趣
心中已知
北山別有洞天

註：單檐歇山，古樸典雅的建築位於北山東峰半山腰，上行即關帝廟。昔日時有詩人墨客在此雅集，觀雪賞月，敲棋吟詩。

關帝廟

到伽藍請睜大雙眼（註）
請看山墻上數里外都能看到的大佛字
入廟院請收束一心
請廣植德本　請勿犯道禁
請忍辱精進　請慈心專一
請發願修金剛正果
請體會至大至罡浩然正氣

天地之壯麗
集於廟前朝敦台日出紅日一輪
忠孝節義之精髓
集於關聖帝一身

註：關羽的忠勇精神成爲佛道儒三教共同尊奉的神祗。關羽亦被稱爲伽藍菩薩。

藥王廟

青磚青瓦
古色古香的廟
彩色塗欄
雕樑畫棟的大殿
三皇　藥王　藥聖
十大名醫　都在殿裡
宣藥療疾　救夭傷之命
大醫精誠　民生永賴
值得叩首焚香

大殿右側施不全神像
醜陋不堪的神像
菩薩心腸的名醫
取人之疾　還以健康
高風厚德　何等感人
值得頂禮膜拜

玉皇閣

天下第一江山在此
北山畫院院址在此
此處看百年古松
好山四壁
此處看江水東流
爽氣湧來

玉皇大帝高坐在朵雲殿
煉丹娘娘　子孫娘娘
十幾尊神像
還是開口便笑
大肚能容的彌勒佛
面面最是如來

曠觀亭

登亭體會
四面雲山
千家煙樹
曠觀霽雪的詩情

登亭品味
松花江　江水清
浪花疊錦綉縠明
康熙松花江放船歌的畫意

登亭遠眺
忽見攬月亭秀出
康熙帝攬轡停騎處
單孔拱橋如飛虹
疑是人間仙山

龍潭山公園

公園印象

高句麗古城的遺址
雄踞山的脊樑
憑藉山的走勢
薛仁貴是怎麼攻破的

龍從百丈潭中起的龍潭
池水永不乾涸
水位亦不下降
先民是怎麼設計的

雪白松青　靜溢天地
身在山中不覺山的感覺
南天門頂　滿目丹青
腳踏行雲萬馬奔的感覺

龍鳳古寺

寺不知建於何年
寺福祐大東
觀音手執銀壺
慈悲俯看人間

寺近龍潭
水月無痕深契天光雲影
清風跫音響徹空山林表
觀空有色　聽世無聲
寺外南麓　鹿鳴呦呦

註：乾隆皇帝曾於乾隆十九年東巡吉林時遊覽龍鳳寺，並親書「福祐大東」匾。
吉林最大的鹿場即座落龍潭山南麓。

松花湖

冬天的松花湖
不封的是四山青松
　是漾江霧氣
　是湖岸風沐

冬天的松花湖
馬爬犁飛快奔跑
雪上摩托車風馳電掣
雪撬馬車代替帆檣
充滿活躍生氣的冰原

冬天的松花湖畔
小酒館熱坑上
嘗清朝皇室貢品的鮮嫩白魚
人間美味無過於此

朱雀山菩提寺

朱雀山雖隅吉林勢振華中
松花江名讓江河永不斷流
大雄寶殿楹聯

當下先見彌勒佛石像
笑臉迎人
歡顏無爾我
大肚之上
白雪成披肩
了然佛的笑意
笑古笑今
凡事付諸一笑
了然佛的能容
容天容地
與己何所不容

樹神　山神
石豬神也奉祀
蛇飲水成毒
牛飲水成乳
也能成菩提

枯木岩前也放光華
造化合同

佛前許願
單求斷得捨得
不看這個那個
專管自己心田清空
何論是非

註：寺原在吉林市致和門外，約建於清康熙年間。一九九七年遷至現址。寺前山谷平台有一近二十平方米船形巨石，雕成彌陀佛像。

北大湖滑雪場

其一

遠處高山雪道
如匹練凌空飛瀉
玉帶飄逸而來
近處蓬鬆白雪
如繁茂花海
靜止雲絮
峻美的山峰
浪漫的雪野
清香的空氣
清新的大地
四處一塵不染
潔白無瑕

其二

御風滑下
何其膽識
何其矯健
何其技巧
從茫茫林海中
皚皚白雪中
穿梭如飛燕
游走如龍蛇
穿透厚厚的白紗
濛濛的霧氣
熠熠陽光中
以凌雲展翅之姿
輕輕落下

天主教堂

美麗的松花江畔
有一座美麗的哥德式大教堂

特製的青磚
高聳的尖塔
輕盈的飛扶壁
流暢的尖拱券
修長的立柱及簇柱
精雕細磨的花紋石柱
規格繁複的石門楣　石窗台
有歷史價值的古建築藝術品

濃霧升上江面時
霧凇掛上樹梢時
夜晚打上燈光時
美麗的天國就在眼前

露德聖母山

花在微笑
草在睡覺
雪在飛舞
聖母總是微笑

林中十四處苦路白色碑格
雪中顯得更白
無私的博愛
真正的慈悲
世人的罪贖不盡
世人的癡點不破

教徒的虔誠靈修生活
請不要打擾
榮耀主的喜樂
請一起分享

清真北寺

院內處處花木
　座座碑刻
肅穆整潔
戴小白帽的穆林斯族
進進出出
大殿是不可侵犯的聖地
想知道麥加的方向
　五功的儀式
　可蘭經的真義
知道回民懷清守真
　知道報本
逐日五時　朝主拜聖
而漢不及於回也

文廟

齊家治國平天下信哉斯言布在方策
率性修道致中和得其門者譬之宮牆
大成殿楹聯　乾隆撰

瀏覽中國科舉制度展
不拘門第　平等競爭
公開考試　優勝劣汰
進士十一萬人
舉人上百萬人
滿朝朱紫貴
盡是讀書人

瀏覽孔子聖跡陳列館
大哉孔子
至誠至愛的人道之師
華夏民族思想與智慧之精神源泉
世界十大思想家之首

松花湖浪木根雕藝術

樹根幾十年的
湖水浸蝕沖刷
陽光暴曬炙烤
風雨剝蝕雕琢
留下的就是木之精華

或隨波逐流
或潛藏湖底
或漂浮水面
或擱淺岸邊
就就是浪木

天成的妙藝
巧奪的天功
藝術家靈性悟性的構思處理
這就是浪木根雕珍貴的地方

化廢為寶
化腐朽為神奇
一株飽含鄉土風情的
藝術新葩
這就是浪木藝術
列為四絕的原因（註）

註：霧淞、隕石、奇石、浪木、並稱江城四絕。

春城長春

偽皇宮陳列館

其一

軟禁溥儀十四年的地方
重新翻開日寇侵華歷史罪証的地方
充滿罪惡和無奈和傷痛的地方

溥儀醜劇倒也演的有模有樣
偽滿糗史倒也大書特書

東北永遠的噩夢
中國永烙的疤痕
前事不忘　後事之師
應當陳列

其二

奪我主權　殺我同胞　掠我財富
多少國仇家恨

火烤胸前暖　風吹背後寒
森林是家鄉　野菜是食糧
多少可歌可泣的抗日血淚史詩

以德報怨　多麼偉大的胸襟
人家真的心領了嗎

寄語國人
國恥絕對不能忘
寄語扶桑
歷史教科書絕對不能竄改
靖國神社
絕對不能參拜

新民大街

走在大街上
像走在台北博愛特區
十四年殖民地
五十年殖民地

走在大街上
歷史陰影
揮之不去

為什麼高粱花要橫切表現（註）
是不是意味橫來的外國勢力

為什麼風聲像是長城謠的歌聲
忘不了　永遠忘不了的歌聲

註：偽滿國徽是高粱花的橫切面。

偽八大部會

很能展示威武的氣派
　流露肅殺的氣息
　突顯統治者的高高在上
　象徵軍國主義的掩飾心態

很神似日本的古城
　酷似日本的國會大廈
　類似日本的鳥居造型

偽八大部
偽裝不了
歷史的真相

護國般若寺

其一

欣然有緣登臨寶殿
慶幸一時身棲寶樹林
大紅大綠
十方一等的精麗道場

雖然尚無緣見了自己的本性
雖然聽說佛說
眾生都有和佛相同的智慧
雖然還不甚了知佛說的智慧
還是可以隨喜聽法

了法一如
胸無點物
放懷自在

其二

門側紅墻
南無阿彌陀佛六個大字
其實有箇彌陀自在心
心欲見佛
佛從心見

盡於來來無休息
接引眾生生淨土
淨土如何修
一發心時
已成正覺

殿前古松
護國護寺
總是長春

上海名勝古蹟

豫園

凌虛瞻極浦風帆梢頭秋色
俯視挹層樓舢影石畔波光
望江亭楹聯

舒展成圖的黃石大假山
石壁森嚴
飛梁臨澗
平橋臨水（註一）
若壺中九華
有金碧秀潤氣
撲人眉宇
不知何以得免宣和綱的玉玲瓏（註二）
以一香爐置石底
孔孔煙出
以一盂灌石頂
孔孔泉流
婀娜多姿

欲投小刀會
來到點春堂（註三）
膽量包空廓
心源留粹精（註四）
豫園有史足千秋（註五）

註一：現代・陳從周教授語
註二：清・王士禎語。「玉玲瓏」係江南三大名石之一。
註三：清・咸豐三年「點春堂」是小刀會首領陳河林的指揮部。
註四：沈尹默書楹聯，懸於點春堂內。
註五：現代・郭沫若〈遊豫園有詩〉中詩句。

玉佛寺

仿宋朝宮殿建的寺
鬧市中的佛寺
佛門總是清靜莊嚴

緬甸迎回的玉佛
晶瑩堅實若金剛

坐的佛　坐得人心
心契清華水月
臥的佛　臥則向西
指方不謬
盡攝淨土

宋朝紅棗木刻的立佛
看似尋常
須知凡相即妙相即真相

外　灘

上海繁華的起點
　歷史的縮影
　今日的名片

江中船桅穿梭　灘上人潮車潮
路旁梧桐成蔭　花壇彩色繽紛
二十四幢風格各異的建築
剛健雄渾莊嚴非凡的氣慨
猶如萬國建築博覽會
華燈初上　藝術泛光燈齊放
猶如水晶宮殿

解讀不完的外灘傳奇
百年的風華
萬國的風情
永遠的十里洋場

蘇州園林寺廟

虎丘

頭山門

平生只見山裡寺
今日來看寺裡山
前人 佚名

虎是何年踞
何年海湧水
虎去無跡
海湧流輝

進入山門
門空 門無相 門無作
門額題 山青 水秀

江南就是如此

海湧橋上
仰視斷樑殿
古塔已亭亭
古木已蔭蔭
塔從林外出
山向寺中藏（註）
入寺始登山
山中好峰
盡藏寺裡

寺規規定
日落先鎖寺門
惟恐山移去

註：元・湯仲友〈虎丘〉詩中句。
九十三年十二月中國詩歌藝術學會《詩藝青空》。

石趣

試劍石　中開如截
石破天驚出匣時（註一）
劍氣斷流水
劍光寒日月

吳王試劍豪氣萬丈
秦皇劈石威風八面

唐伯虎倦睡　枕頭石
祝枝山題字其前
高僧生公在此讀經
石能卜生男生女　功名前程
世事豈能卜
還是樂於一試

千人石　上陟千人坐
罕見的流紋石
石盤陀數畝
平坦如砥　高下如削
石呈紫絳色
斑駁印痕　永不消褪
生公講台還在
誰還賞清音

白蓮池中　點頭石
池是西施採蓮處
當年生公講何經
講到何處
鳥不鳴　水驟盈　蓮吐艷
白石參來共此心（註二）
生公講經　頑石點頭
頑石聽經　禪心石心

註一：明・吳偉業〈試劍石〉詩中句。
註二：明・吳偉業〈可中亭〉詩中句。

古眞娘墓

半丘殘日孤雲　寒食相思陌上路
西山橫黛瞰碧　青門頻返月中魂
亭柱楹聯
真娘花容月貌
墓名花冢
昔日花卉滿墓
題咏滿碑

真娘歌舞有名
風雨月夜
或聞墓上歌吹不輟
哀澀清綿

真娘年少自盡
墓近吳王嬌女墳
一片行雲相往來(註)
真娘真實故事
香魂拈不得
建亭立碑
棲托芳魂

亭後野花叢生
自開自謝
註：唐・劉禹錫〈和樂天題眞娘墓〉詩：「薔卜林中黃土堆，羅襦繡帶已成灰。芳魂雖死人不怕，夢草逢春花自開。幡蓋向風疑舞袖，鏡燈臨曉似妝台。吳王嬌女墳相近，一片行雲應往來。」

九十三年十二月中國詩歌藝術學會《詩藝青空》。

二仙亭

夢中說夢原非夢
「元」里求「元」便是「元」
亭柱楹聯

高僧青睞虎丘
仙家留連虎丘
陳摶善睡
一睡多年
好夢不斷
呂仙弄鶴
孤遊不隔雲天路
二仙岳陽樓對弈
虎丘山對弈

二仙對弈
黑白未分時
便是神仙也不知
棋子起落
千年已過
夢還未醒

註：楹聯中的「元」字應是「玄」字，因避清康熙玄燁之諱，故用「元」字代之。《道德經》：「玄之又玄，衆妙之門。」
九十三年十二月中國詩歌藝術學會《詩藝青空》。

劍池

地下應知無故國
何須深藏劍三千
明　高啓〈闔閭墓〉

池像一把平放的寶劍
綠波清寒　像是寶劍上的寒氣
陽光映波　像是寶劍上的光輝

池水甘冽　不盈不虛
終古湛湛　天下第五泉（註一）
池水一泓　比作君子美德
恐只曠古一例（註二）

池避平正　像是寶劍削成的
池壁擘窠大字石刻
顏真卿的　米元章的　王羲之的
鐵劃銀鉤　渾厚雄健

池底有沒有三千寶劍
魚腸　扁諸何處尋
池底是不是吳王陵寢
何處照龍光
千古祕密何時解
祕密未解　更耐尋奇
劍靜未離池　勝跡自長留

註一：唐朝李秀卿評語。
註二：宋・張栻〈劍池贊〉：「湛乎淵渟，其靜養也。卓乎壁立，其自守也。歷四時而無虧，其有常也。上汲而不窮，其川不膠也。其有似乎君子之德乎？吾是以徘徊而不能去也。」
九十三年十二月中國詩歌藝術學會《詩藝青空》。

虎丘塔

崖裂池如束
天虛塔欲浮
宋 鄭思肖〈宿虎丘寺〉

雖然僅剩光溜溜的磚砌塔身
依然比例勻稱
肥瘦有度 風姿不減
風至雖然不聞塔鈴鳴
塔檐依然風中溜動
像半空流泉

塔前評彈唱腔 軟糯婉轉
似與四面吳山爭窈窕
塔前無數清蔭引領幽徑
石座苔花 自然斑駁
何處吳王行宮
蒼煙白草 不知其何許

九十三年十二月中國詩歌藝術學會《詩藝青空》

留 園

名園勝跡

幾處樓台畫金碧
個中花石幻靈奇
現代 楊仁愷

留園造景
留下一幅
石趣林泉的
山水橫披畫

晴時 雨時
花時 月時
時時留人留連

可行可望 長廊分段

留下步移景異的效果
可遊可居　宅園揉合
留下別開生面的佈局
空間變化　大小曲直
留下抑揚收放的對比
建築庭院　虛實疏密
留下張弛開合的節奏
園主有石癡遺風
自號十二峰嘯客
留下林林總總的
山石群雕　峰石大觀
有窗便有畫
有框就有圖

留下無數巧于因借的
無心圖畫
書條石碑版
洋洋灑灑
幾百方名家法帖
留下晉唐的精華
古人的精魂
留園其所留多矣
留園之名常留於天地間矣（註）

註：引自清・俞樾〈留園記〉。

聞木樨香軒

軒四周叢植桂花
有濃濃禪意的景

禪道無隱
禪道如同桂花香
上下四方
無不彌滿

好花人事外
奇石空靈中
芬芳浮動
香沁心脾
桂間望月
佛門新添一椿公案

註：木樨即桂花。「聞木樨香」爲佛家悟道代名詞。見《五燈會元》。

石林小院

曲徑每過三益友
小庭長對四時花
洞天一碧楹聯

其一

小小一方院
一折一妙
一曲一景
石峰構成趣景
洞門空窗疊出畫景
曲廊環抱
天井通天井
藤蔓繞竹枝
院外有院
景外有景
收天地無盡之景

其二

小院中奇峰怪石
散點成林
綴立在小天井內
掩映在竹蕉藤樹下
處處對景
幅幅畫面
不一其狀
泉石是縮小的山水
山水是擴大的泉石
湖石有美學
好石有深意
石文化契道德觀

峰石稜厲者可以藥靡
　雄偉而卓特者可以藥懦
　空明而堅勁者可以藥偽
蓉峰先生
見解精妙（註）

註：留園第二代主人劉恕號蓉峰。所引見其所著《石林小院說》。

冠雲峰

石巔高聳
四展如冠
右上半渾然塊磊
籠絡起隱
左下部文理縱橫
皺皺若裂
瘦皺漏透如雲垂
西北側看
如觀音大士身著披風
水池前看
如佳人對鏡梳妝
形神兼具如神物
花石綱舊物
奇石壽太古

寒山寺

吳中名剎

不爲喧所遷
意以靜爲主
宋　張師中〈寒山寺〉

雖無山林丘壑的清幽
卻有水鄉澤國的娟秀
雖是清末新修的建築
卻是宋代的基址
天台的真相
雖然遊人如織
依然可以試著
領略些清淳的禪趣
看出些禪房兼有的野趣

寒拾遺蹤

我若歡顏少煩惱
世間煩惱變歡顏
爲人煩惱終無濟
大道還生歡喜間

寒山　拾得

掣風掣顛
笑歌自若
生佛南來

仙跡遊戲三昧
勝跡超以象外

寒拾泉　寒拾亭
寒拾像　寒拾殿
因緣靡盡

薪火相傳

二仙塑像
對人如欲笑語

二聖畫像
輾然自笑

滄海一聲笑
世間事無非一笑

百年嘆咏
不若一笑

夜半鐘聲

鐘聲明慧眼
月色照禪心
鐘樓楹聯

鐘在懸待叩
一聲敲下滿天霜（註一）
鐘半夜定夜鐘
一聲敲醒夢中人
鐘聲清煩惱
勘破百八煩惱心境
鐘聲長智慧
去散亂心生平常心

鐘聲生菩提
攝心入定無執著心
傳不以聲以心
省得鐘聲能幾人（註二）
省得鐘聲
永遠夢牽魂縈
楓橋晚鐘
吳中絕景絕響

註一：明・唐寅〈姑蘇寒山寺化鐘疏〉中偈語。
註二：清・萬繩栻詩碑中句。碑位於鐘房對面碑廊內。

詩緣絕唱

月落烏啼
還是寒霜滿天
楓橋野渡
應是昔時情景
水聲鐘聲
豈是詩人當晚心情

寺有興廢
詩有不朽
詩人題二十八字
雖說佳句不須多
豈詩之傳不傳
亦有幸弗幸耶（註）

註：清．程德全語。程氏於宣統二年任江蘇巡撫期間，曾修葺寒山寺。

名橋千秋

畫橋三百映江城
詩裡楓橋獨有名
明　高啓〈泊楓橋〉

橋如一彎新月
橫跨江上
橋如一道長虹
凌駕波上

單孔石拱
不知始建何年
附麗靈剎
橋有幸焉

遠岫青林
雲水瀠洄
信是張繼停舟處

嘉善西塘古鎮

人家盡枕河
水港小橋多

唐 杜荀鶴〈送人遊吳〉

廊棚・宅弄・水巷

廊棚是西塘的特色
像一條長長的帶子
彎彎地 緊緊地
纏繞在緞帶般的小河邊
長長的沿河小街
成了長長的走廊
宅弄是西塘的脈絡
人家都在宅弄裡進出
又深又長 又暗又窄
不知深幾許
天地到此成一線
深處疑無路
地上石板薄如皮
行至盡處
豁然別有新洞天（註）

水巷是西塘的魅力
蕩舟水巷
人在畫中遊
畫在心中移
粉墻黛瓦人家
長年依水為家
小街古弄任意划
小橋河埠恣意過
上下影搖
搖動波底日月
人舟往來

度盡水中天地
廊棚　宅弄　水巷
是明清水鎮街市的遺風
是江南小鎮獨特的
平民文化和建築文化
是西塘深沉的個性
　浪漫的情懷

註：西塘宅弄有一百二十條，最有名的爲「石皮弄」。該弄總長六十八米，兩邊都是高宅墻壁，最寬處一米，最窄處零點八米，全弄底部由一六六塊花崗條石鋪就，厚僅三公分，故稱石皮。

黃酒·杜鵑花

上好的麯
一流的水和米
精釀的歷史名酒
色澤橙黃澄明
口感鮮甜柔和
從梅花三白
到汾湖善釀
酒名極富詩意
酒醇浸漬詩作

户户有盆鵑
家家得春光
杜鵑花嬌嫩難養
須耐心伺候
可見西塘人心平氣和的性格
　素雅澹泊的生活

種福堂

樓傍水港聽漁曲
宅臨平疇有米香

前人 佚名

維和集福 是家訓
和為貴 和氣生財
家和萬事興

一介布衣 澹泊名利
樂善好施 也能致富

種福堂 堂名
根深蒂固的儒學思想

種瓜得瓜 種福有福
種下仇恨 自己遭殃

儒學家風
耕讀為樂
細嚼野菜香
田歌聲嘹亮

江南水鄉多高士
吳根越角有古風（註）

註：西塘臨汾湖，汾湖是古吳越的界河。

武漢歸元禪寺

翠微峰下示歸元
繼祖傳燈四佰年
歷盡風霜完璧在
雨花深處明珠懸
昌明方丈

湖北首剎

曹洞東傳歸元得路
鳳山西出勒馬回頭
韋馱殿楹聯

山門不逢中
朝東偏北
悟逆行正的禪機

韋馱殿殿門也不逢中
朝東偏南
東進烈馬左右回頭的布局

方便有多門
一進山門
歸心向佛

歸真歸善歸本
歸元無二路

湖北首剎
格局叢林一奇

註：《楞嚴經》：「歸元無二路，方便有多門。」

法像莊嚴

入門見喜
見皆大歡喜
彌勒陀像
記受一生補佛
獨他何故不皈依（註一）
一樣歡天喜地
有求皆感應

集人類各種族形象特徵的
阿彌陀佛像
寺中首屈一指的大佛像（註二）
無量接引壽佛
端莊慈祥
微笑相迎
意感神隨

彷佛要破壁而出的
楊柳觀音石刻像（註三）
線條變化高超
白描人物神品
楊枝一滴新甘露
散作山河大地春

法像莊嚴
利樂有情

註一：羅漢堂彌勒佛佛龕楹聯。
註二：阿彌陀佛像立於羅漢堂田字中央正座上。
註三：楊柳觀音像石碑嵌在大士閣墻壁上，唐代畫家閻立本手跡。

五百羅漢

普天應供大阿羅漢
都離方廣來住歸元
竹禪和尚

所有的人
都可以修得羅漢正果
所有的羅漢像
都是自由發揮想像創作
人間所有的肖像
都可以在羅漢中表現
人們所有的表情
都可以在羅漢中體會

每一座羅漢
都是一份真實感受
每一座羅漢
都是一種生活場景
五百羅漢
藝術登峰造極

註：除煩惱，受供奉，無輪迴，修到羅漢，小乘涅槃。
以五百羅漢著稱者凡五處：北京碧雲寺、成都寶光寺、蘇州戒幢律寺、昆明筇竹寺、武漢歸元禪寺。五處各有特色，但造詣之深，聞名遐邇者，非歸元禪寺莫屬。

長江三峽

峽山從水底削成
插成碧色芙蓉
刺破日月
曉雲飛雨繚繞
山影壓船來（註一）

峽水源遠流長
水險變化無窮
漩水旋轉不止
集中一點
跌水　眉毛水
橫流水奇特
水聲呼岸走
三峽水磅礴

峽路棧道如登天
猿鶴不敢梯（註二）
峽壁巴人岩棺
孤骨裊裊懸（註三）
峽險險過百牢關

峽草多平整
峽樹多彎曲
峽中　孤石隱如馬（註四）

三峽是神奇山水畫廊
縱有玲瓏生花妙筆
難寫三峽萬種風情

註一：清・劉肇紳〈入崆嶺峽〉。
註二：南宋・范成大〈初入峽山效孟東野〉。
註三：唐・孟郊〈峽哀〉。
註四：唐・杜甫〈長江〉。

大足寶頂山摩崖造像

上朝峨眉
下朝寶頂

民諺

其一

寶頂山就是廣大寶樓閣
金剛不壞之境
化邪魔成正果之地
可使刀山變寶山
兵杖變蓮花

天堂也廣　地獄也闊
假使熱鐵輪　於我頂上旋
終不以此苦　退失菩提心
趙智鳳大師立誓教化
誓求無漏無為之果
專持六輪五部祕咒救度眾生
柳本尊自殘肢體
以祕咒為人治病

凡釋典所載無不備列
幾乎將一代大教搜羅畢盡

寶頂山縱橫五里
精妙的密宗曼荼羅（註）

註：蔓荼羅即道場。

其二

石窟藝術最後的一座豐碑
父母恩重經變相

援儒入佛　突出孝道
大方便佛報恩經變相
釋迦被塑造為行孝典範
完全中國化的密宗道場

牧牛圖　人景交融
濃郁的鄉土氣息
十煉圖　侍從圖
現實人物的真實寫照
宋代民間風俗畫廊
完全生活化的藝術造像

華嚴三聖文殊手托千斤石塔
歷八百餘年不墮
圓覺洞　老僧持鉢接水
只聽山水響
不見山水流

崖沿覆蓋雕像
雕像依岩開鑿
因勢而建
一定的隨意性
題材的連貫性
完全和山崖連成一氣

地形選擇　峽谷排水
龕窟支持　力學運用
完全和科學工程符合

蒼天為室
天地為紙
洋洋萬像

其三

心為根本　一切由心造
六道輪迴圖
表現業力不可逆轉
貪　愛　使輪迴不休

鎖六耗圖
表現縛住六根
關閉六窗
才能清淨

無限大的臥佛
下半身隱入山壁
表現　不生不死
　　常樂我淨
意到筆伏　畫外有畫
藏而不露的美感

千手千眼觀音
形若流星閃爍
狀如孔雀開屏
極盡細微綿密的巧思

吹笛女　沉浸在音樂中
　　　聲徹古今
養雞女　清水出芙蓉的豐姿
　　　蒙娜麗莎般的微笑
蓮花化身童子　天真活潑
　　　無限歡樂和活力

十大明王像　還沒有刻完
是不是有意表現
了了了無無所了的禪意

杭州西湖

大觀

水水山山處處明明秀秀
晴晴雨雨時時好好奇奇（註一）
天生麗質的湖

湖中有山
山中有湖
湖中有島
島中有湖
山水交融的湖

名寺名堤
名樓名墓
名人題詠
名泉甘冽
名洞幽竅
名茶香雅
仙佛詩畫的湖

曾有四枚流星墜落的湖
曾唯一冰封過一次的湖（註二）
靈性的湖

註一：孤山西湖天下景亭楹聯。
註二：西湖流星墜落和冰封的那一年，蔣公、毛澤東、周恩來、朱德剛巧於是年逝世。

岳飛墓廟

遺烈鎮棲霞　酬酒重瞻新廟貌
大旗懸落日　撼山願學古軍容
忠烈祠楹聯

盡忠報國　八百年來
民族氣節和愛國情操
最高指標
精忠岳飛
天日昭昭　天日昭昭（註）
御札碑依稀堪讀
笑區區一檜亦何能
至今有誰
還話當年南渡君臣
湖山俎豆千秋
英雄無辜含冤屈死

如神有知
稍解千古遺恨
嗟嘆何及

精忠柏　分尸檜　鐵跪像
愛憎強烈分明
正邪本同冰炭
時勢豈是權奸能造

墓上芳草萋萋
墓旁柏樹　枝尚南向
忠泉清沸　芯芬甘潔
冷然西注

詩：公元一一三三年九月宋高宗將一面繡有其御書「精忠岳飛」四字的錦旗賜予岳飛。岳飛臨刑前拒絕在假供上畫押，憤而連書：「天日昭昭．天日昭昭。」

曲院風荷

頰上帶微酡
解頤開笑口
何物醉荷花
暖風原是酒

明　張岱

近水貼水的曲橋
人從橋上過
如在綠盤中
盤中滿溢清香
猶疑醞釀香

人依橋欄立
如在綠雲中
雲中忽釀雨
瀉入波心水亦香（註）

臨水繞水的樓台
人登其中
如在連天無窮碧綠中
綠中有紅粉白
正舞霓裳
舞出冷香四溢的詩句
完滿自足的小千世界

註：清・許承祖詩句

柳浪聞鶯

晴空搖翠
群禽靜
霽煙收
聽暗柳啼鶯
新簧弄巧
如凌秦謳

南宋 周密

浣紗柳低垂
臨水浣紗 昵曬媚態
醉柳痴傻
美人醉酒 撩人姿態
獅柳枝繁葉茂
雄獅昂首 奇特神態

此處柳絲是西湖圖畫中的題詩
飄舞風中 如翠浪翻空
飄逸湖岸 如碧波漾湧
飄垂肩上 如綠煙飛揚
此處柳絲是西湖詩題中的詩眼
柳枝密處 柳蔭深處
聚景園舊址處
黃鸝偏得意 和鳴
疑是鸞簫與鳳笙

靈隱幻境

石泉蒼徑午陰涼
手擷山花辨色香
度嶺穿松心未厭
好閑翻爲愛山忙

宋 劉一止〈入靈隱寺〉

飛來峰·冷泉

在山本清 泉自源頭冷起
入世皆幻 峰從天外飛來

清 左宗棠

飛來峰是寺案山
峰從何處飛來
峰從飛處飛來（註一）
即是飛來
何不飛去
一動不如一靜
峰或再有飛來
誰坐山門老等
世事常倏忽不期而來
誰還要問峰來何處

冷泉是寺活水
泉自幾時冷起
泉自冷時冷起（註二）
莫道熱腸冷如水
出山恐失在山清（註三）

泉已漸生暖意
誰放笑臉迎人（註四）
冷暖惟人自覺

誰來誰去
水流天地
誰又礙誰

靈鷲飛來
山皆學靈鷲
泉水無心
到處流活活

註一：明・董其昌。清・石治裳對聯句。
註二：同註一。
註三：現代・卻非〈冷泉亭送客〉。
註四：冷泉溪南峰壁間，有一龕南宋時刻的著名彌勒佛像。長耳肥碩，笑容可掬。

最勝覺場

酒隨游客無虛日
雲伴詩僧住好山

明　沈周

遊人來遊福地
不應只認好溪山
應問當下是是非非如何不了干
應問此身如何非相且無名

微笑拈花
不問過去未來
覺得松排山面
入寺更清趣
更覺最勝覺場
紅塵飛不到

註：山門舊有「最（絕）勝覺場」四字，相傳爲晉葛洪所書。

·91· 杭州西湖

咫尺西天

鳥盤蒼影壁
僧掩翠微關

明 朱樸〈靈隱寺〉

松風山籟
時擾鐘磬
鐘聲驚山鳥
飛出護淨土

松煙山嵐
時擾安禪
安禪渲山色
染出清淨心

松蔭趺坐
讀自家清淨

清淨償得
擁雲坐關

沾露山花供佛前
佛前泯了
所有念頭
悟了此時此地即
咫尺西天

註：靈隱寺照壁書「咫尺西天」四個擘窠大字，告示人們，自此前行，即將由塵世到達淨土彼岸。

飛來峰石

不須更問生公法
滿腹機鋒是石頭

清 嵇宗孟〈飛來峰〉

石表淨無寸土
有如曾經精心剔刮洗刷
石色青中帶紫
瑩滑清潤有如秋水暮煙
石形林林總總
或高平兀立
　銳利驚心
或平柔如磨石
　四方有稜有角
愈尋愈多

石狀奇詭萬態
或如碁子置立
　刀劍插立
　筆鋒聳立
　二筍並立
益玩益奇
石貌多類象形
或像隼立　鳥啄
蛇行　虎嘯
越看越像
峰是靈隱最勝處
石是峰上最奇點
堪與草聖張顛書法媲美
能與畫聖吳道子丹青相匹
是米元章袖中
一塊奇石

奇幻三洞

石門陰洞知多少
欲借丹梯上紫台
明 張寧〈題飛來峰〉

龍泓洞中傳說有老龍潛蟠
有篙櫓風浪聲
可通錢塘江
洞頂有竅
漏天如井
洞室有光
彷佛觀音雲像
唐人刻佛國二字
故尚遒勁
玉乳洞像桂林伏波洞
四壁宋代羅漢刻像

人行洞中
如行屋廡下
石乳下垂青瑩膩滑（註一）
初入體涼
再入沁涼
深入毛骨俱涼（註二）

射旭洞口張如虎嘴
洞口最先迎入陽光
洞中有洞
外視洞可容數百人
內則岩可樹百椽屋（註三）
四極二門　八面玲瓏
桂香流溢　十足洞天

註一：清·邵長蘅〈飛來峰記〉。
註二：明·高濂〈四時幽賞錄〉。
註三：同前註。

翠微亭

路轉峰迴藏古跡
亭空人往仰前賢

現代 陳訓正

灰白亭柱
黛黑飛檐
凝重端莊
樸素大方

亭側摩崖
仿顏真卿筆意

建亭初衷
欲語不能

登亭 好山好水看不足
眼前佛國有緣
淨土萬綠叢中

冷泉依在
湖天無恙
何妨自在
且留且去

註：韓世忠在岳飛被害，他自身兵權被奪後，自號「清涼居士」常頭載一字書巾，騎驢攜酒，縱游西湖，絕不談兵，也不與舊屬相見。他在岳飛被害後六十六天，根據岳飛：「經年塵土滿征衣，得得尋芳上翠微。好山好水看不足，馬蹄催趁月明歸。」〈登池州翠微亭〉詩句，建此亭，以寄托懷念。亭側有韓世忠子所寫碑文：「紹興十二年，清涼居士韓世忠因過靈隱，登覽形勝，得舊基建新亭，榜名『翠微』，以爲遊息之處待好事者。三月五日，男彥直書。」四十八字亭記，建亭主人的悲痛，不能言明。

韜光道

道逼石逼溪逼松竹
石蒼苔深
清流若琴索
松風帶雨
竹響若幽吟
道中冷綠曲折
人面俱失
古石磴入亂雲
古山房破雲封
白雲深處
韜光和尚行道處
韜光藏而不露
勝在不知名
韜龕近側
金蓮池猶清澈見底

縐雲峰

瘦皺形同雲立
紋比波搖　天趣宛然
具雲龍勢　富秀潤態
奪造化功

疊雲　石筍　相映
偃仰虧蔽　聚散歷落
更添氣勢

雲峰石跡　江南三名峰
通出天機

註：縐雲峰在曲院風荷公園左側，江南名石苑外。與蘇州留園「冠雲峰」，上海豫園「玉玲瓏」並稱江南園林三大名石。縐雲峰附近有大英石的立峰「疊雲」和修長的凝灰岩「石筍」相映襯托。

三天竺寺

佛國靈山最深處
如來於此建清都
五峰拱揖環屏障
四面雲霞列畫圖

唐　白居易〈游古天竺寺〉

亂石　下天竺
法鏡寺　有清秀村野風味
亂水　中天竺
法淨寺　有溪清竹浪韻味
亂雲　上天竺
法善寺　有深山古剎氣味

山名天竺
西方即在眼前
長松如門擋在澗口

石路如帶跨在峰心
石壁雨痕清新
還能尋些舊日題刻

風泉煙霞喧嘩梵唱
僧應不寂寞
碧眼照山谷（註）

新刻靈感觀音發光香木像
肅立圓通寶殿龍亭

法身化身報身
無時無處不在
好忝湖上妙諦真空

註：宋・蘇軾〈贈上天竺辨才師〉

三生石

石狀如圓盒
大似臥床
石旁竹千根
清風不改

石識李源友
石話去來今
石認三生
石語斷腸因緣

身前身後
何身何事不茫茫
爾我執著何相
真相幻裡空裡
無非一點禪機裡
煙霞月色裡

牧童騎牛
向來處去
向去處去

註：三生石在下天竺法鏡寺後，蓮花峰麓，係蜚聲西湖的佛教名勝及西湖十六遺跡之一。據《湖山便覽》：「唐李源與僧圓澤友善，相約遊峨眉。舟次南浦，見婦人錦襠負瓮而汲。澤曰：『此婦孕三歲矣，吾不來，故不得乳。今既見，無可逃者。後十三年中秋夜，當與公相見於杭州天竺寺。』是暮，澤亡而婦乳。源後自洛適杭，見葛洪川（井）畔，有牧童菱髻騎牛，歌曰：『三生石上歸精魂，賞月臨風不要論。慚愧情人遠相訪，此身雖異性常存。』又歌曰：『身前身後事茫茫，欲話因緣恐斷腸。吳越山川尋已遍，卻回煙棹上瞿塘。』歌竟，拂袖入煙霞而去。」三生石因此得名，並有三字篆刻。石碑舊多唐宋以來的題詞名刻，至今多漶漫不辨。

虎跑夢泉

澗阿怪樹龍新抉
石轉靈泉虎舊跑
空翠蒙蒙如墮露
湧珠汩汩遽成泡

明　高得暘〈虎跑泉〉

兩隻猛虎接踵跑地出泉
一位高僧猶自怡然夢中

一脈靈泉
脈脈清光
始終涓涓細流

兩位高僧
濟公遊戲人間
弘一重興南山律宗

濟公圓寂於此
此處如今雖無佛像香火
依舊連天水碧（註一）
弘一披剃於此
此處如今華枝春滿
一輪圓月仰天心（註二）

一派江南庭園風光
是此處如今勝景
一泓清泉在夢虎石雕前
潺潺流往人間

註一：濟公臨終前有偈：「六十年來狼籍，東壁打到西壁。如今收拾歸來，依舊連天水碧。」

註二：弘一大師圓寂前有偈：「問余何適？廓爾忘言。華枝春滿，天心月圓。」滴翠軒後有李叔同紀念室，趙樸初題聯：「無盡奇珍供世眼，一輪圓月仰天心。」

龍井問茶

一杯入口宿醒解
耳畔颯颯來松風

明 屠隆〈龍井茶〉

問茶

問龍井四絕
那一絕最絕（註）
問淡雅茶味
有多少蘭花清香
問甘醇餘味
沁人心脾能多久
問雀舌形葉片
撮泡時有幾種舞姿
問翠綠色光澤
穀雨時節增添幾分

問君知否
茶淡自清心
問君能否
一日無此物
問君飲否
兩腋清風生否
問君三咽
是不是還不忍漱
龍井問茶
問不完的茶文化

註：龍井茶是綠茶極品，位居中國十大名茶之首。以「香郁、味甘、形美、色翠」四絕著稱。

九十二年十一月中國詩歌藝術學會《詩藝飛揚》。

問井

一泓渟山坳
過者不敢唾
雖然龍窟宅
亦許斗茶生

清　朱彝尊〈龍井〉

問井中相傳有龍居焉
水線是不是龍鬚（註一）
水沫是不是龍腦液
水色是不是黃碧龍鱗

問井邊茶田
是不是土香赤如沙
問井旁兩株宋代古梅
是不是邊落葉邊開花
問龍井之上
是不是還有老龍井（註二）

註一：龍頭的流水為天然山泉，常年不斷，池中水攪動後，有一明顯高出水面的水線，民間傳為龍鬚。實為水中礦物質含量豐富所致，石雕龍頭與井相配，，隱喻為「龍井」。

註二：明。田汝成《西湖遊覽志》：「龍井之上，為老龍井。老龍井有水一泓，寒碧異常，泯泯叢薄間。幽僻清奧，杳出塵寰，岫壑縈迴。其地產茶，為兩山絕品……。」

保俶塔

下看湖上客
歌吹正沉冥
元 錢惟善〈保俶塔〉

近看塔
窈窕纖細
秀挺柔和
遠看塔
玉筍插天
銳不可擋
兼具紅粉和節俠二心
塔旁有巨洞如屋
巨石塊然無根

塔前有亭
自北往南
覽西湖如盆景
煙水長洲
都在一覽中
保俶如美人
寶石山以流霞妝點
雷峰如老衲
夕照山以晚霞照耀
倚美人看老衲
情趣無限

葛嶺抱樸道院

榮辱不驚閑看庭前花開花落
去留無意靜觀天外雲卷雲舒
抱樸道院楹聯

一路清蔭中到道院
黃色圍墻
瓦蓋如鱗
起伏如游龍
人行道歸樸
抱守本真
不為物欲所誘惑
　世事所困擾
道院上下
隨處可見

鼎爐　渥丹室
流丹谷石刻
葛洪修道煉丹處
初陽台上
吸取日月精華處
道院是抱樸盧舊址
晉代名院
對此好湖山
閑緣仙境
且領略葛洪丹訣
能用身修心也易
休言萬般皆是命
煉性不如養性高

牛皋墓

棲霞嶺上
桃花燦爛
色如凝霞
嶺巔紫雲洞
倚空如懸
陰涼徹骨
洞口附近
有將軍一坏土
宋輔文侯牛皋墓
三日糧　氣如虎
三月酒　毒如蠱（註）
將軍所恨
南北通和
不以馬革裹屍
顧死牖下耳
將軍無恨
氣節高邁千古
英風震世
長伴岳武穆王墓

註：清•舒位詩。
牛皋字伯遠，宋汝州魯山人，爲岳飛部將。「三日糧，氣如虎」指岳飛命他攻取隨州，他只帶三天軍糧，結果糧未盡而隨州已下，並生擒僞齊守將之事。「三月酒，毒如蠱」指岳飛受冤死後，秦檜深知牛皋不服，爲心患。乃授計都統制田師中，於紹興十七年宴請諸將，皋遇毒，亟歸，明日卒。景文初追封輔文侯。

黃龍洞

黃澤不竭
老子其猶（註）

現代　易鼎孺

有山　山不高
半是真山　半是假山
曾有高僧在此祈雨
寂然不動　感而後通
有水　水不深
水不在深　有龍則靈
黃色大龍頭　口吐清泉
叮咚作響　琴瑟奏鳴
有院　院不大
多方勝景　咫尺山林
院景借用自然　融合自然
有洞　人工洞景
依山勢起伏曲折
遠望石峰如林
入內野趣迷離
有竹　大毛竹匯林成海
菲白竹小巧　茸茸可愛
方竹是異品
體方有如削成
勁挺堪為柱杖
緣石　投緣池　圓緣台
財緣　文緣　仕緣
情緣　子女緣
人生相逢盡在緣
戲台大所有
古典姻緣折子戲

正在上演
貴賤窮達　莫非真緣
仿古園中不嫌天地小
同結嬉緣

註：黃龍洞大門楹聯。此聯在西湖衆多楹聯中是數得出的佳作之一。聯文初讀似欠完整，其意難解，其實是用了省略的修辭手法，，巧妙地將「黃龍」二字一顯一隱地嵌入聯文中。出句第一字就是『黃』字，對句則是『老子其猶龍耶？』孔子贊老子語的省略。這副楹聯說的是自從黃帝以來，道家如同深潭之水不會乾涸，老子則是如龍一般的偉人而得道成仙。藏字的修辭手法又使人聯想到『神龍見首不見尾』的說法。
黃龍洞南宋時原係佛寺，清末改爲道觀，後闢爲「仿古園」。現建成以「緣」爲主題的「圓緣民俗園」。「黃龍吐翠」是西湖新十景之一。

宋城

清明上河圖的真實景觀
宋城說　給我一天　還你千年
中原江南千古情繫
北宋南宋一脈相承

幾度滄桑
早已非過去江上塔影
蒼莽山影　舊夢遠去
前朝英豪仍堪景仰
今朝俊傑更有風流

宋城廟會正上場
錦繡天地音樂舞蹈史詩劇正上演
西湖歌舞永不休歇

註：宋城位於杭州之江度假村內，六和塔附近。

六和塔

登塔

日生滄海橫流外
人立青冥最上層
百年等是豪華盡
怕聽興亡懶問僧

明 張仲舉〈登塔詩〉

欣喜千年古塔
還能登臨

塔頂凌風
風從天 地
東 西 南 北
六合而來
灑我毛髮

豁我襟懷
翔我神思
壯我氣慨

山作弓形
水如之字
橋臥似虹

大江一日千里
一層雲樹一層天

江水能回
愁何不了
何用懷疑
身在風煙何處
潮信還未來
一〇四隻風鐸
飛來仙樂

何日方知我是我（註一）
今日置身畫圖中
那復言歸去（註二）

註一：塔下第四層，原有魯智深雕像，其源出於《水滸傳》一百一十九回：「魯智深浙江坐化」。說的是魯智深隨宋江軍駐紮六和寺，夜聽浙江潮信，方悟出其師偈語：「聽潮而圓，見信而寂」的意思，當夜圓寂。只留下頌字一張，云：「平生不修善果，只愛殺人放火。忽地頓開金繩，這裏扯斷玉鎖。咦！錢塘江上潮信來，今日方知我是我。」

註二：明‧李流芳〈題六和塔曉騎圖〉詩中句。

塔苑

全仿真微縮的塔
各時各地的中華名塔
佛塔是佛的法體
樓閣式　密檐式
覆體式　金剛寶座式
寶塔是東方建築的精神圖騰
歷史文化凝重沉澱的見証
亭中看亭亭塔影
　聽滾滾鐘聲
堂堂諸塔
聲影隨喜
出乎物表
常圖眾生
無盡無住的本身

雲棲竹徑

山深獨闢清涼界
竹翠常飛妙蔓雲
前人 佚名

新竹連著老竹
綠雲遮著綠蔭
翠滴淌著雨滴
溪聲咽著泉聲
千年楓香樹挨著百年香樟樹
清涼世界裏著大千世界

竹徑多亭
宜人多停
亭停在雲竹棲處
與炎涼世態
保持適當距離
與紅塵俗事
間隔多重山影
與綠竹多方多時
擾雲拂雲

無盡秀竹
無窮梵徑
緣雲直上五雲山
訪西湖古樹元首（註一）
飲古寺天井甘泉（註二）

註一：五雲山山頂有一株一四〇〇年古銀杏樹。大可五人合抱，幹雖中空枝葉依繁茂。

註二：山頂眞際寺遺址內有古井三口，大旱不涸。西湖最高的天然水源。田汝成《西湖遊覽志》：「五雲山上有天井，大旱不枯。宋時，每歲臘前，寺僧必捧雪進，黎明入城中，霰猶未集，蓋其地特高寒云。」

玉泉觀魚

閑心對定水
清淨兩無塵
唐 白居易〈題玉泉寺〉

泉清見輕漣
疑是白練浮玉乳
泉清見綠苔
疑是水仙遺珮玦
泉清風清心清
舊日寺院
今日庭院
皆是清境
魚樂魚樂園
從容出游如圖畫
魚背如初弦月
魚鱗如片片紅霞（註一）
錦鯉具六六數（註二）
受盡人憐惜
鱗中大有隱喻
何事更深匿（註三）
非我非魚
魚樂人樂
皆是樂境

註一：明·王世貞〈玉泉寺觀魚〉：「投餌聚時霞作片，避人深處月初弦。」

註二：《埤雅》：「鯉三十六鱗，具六六數。」

註三：《莊子·秋水》：「莊子與惠子游於濠梁之上，莊子曰：『鯈魚出游從容，是魚樂也。』惠子曰：『子非魚，安知魚之樂？』莊子曰：『子非我，安知我不知魚之樂？』」

靈峰探梅

素艷雪凝樹
清香風滿枝
唐 許渾〈看早梅〉

尋梅是想尋
　柯幹鐵色
　層玉峨峨的古梅
訪梅是想訪
　玉雪一色的香雪海
探梅是想探
　竹外一枝斜的瀟灑
賞梅是想賞
　暗香相襲的清寒曠妙
尋得妙高台上的
　來鶴亭古跡

訪得紅妝淡抹
　報春獨早的
　宮粉紅梅
探得不須陪襯的
　端凝梅姿
賞得天地在冷肅時的
　清明天機

靈峰梅韻
山坡峰塢
寒玉精神

靈峰梅魂
清寂自在
笑看天地

汾陽別墅

紅杏鎮春風　願不速客來醉千日
綠楊足煙水　在小新堤上第三橋

清　盛慶藩

莊外有湖
湖光波影照院內
湖上有堤
六橋煙柳拂院墻
堤外有山
山上有塔
雙峰雲煙
保俶倩影指顧間
西湖山水之勝
汾陽別墅得之矣

莊內有池
南池是蘇州園林手法
北池是紹興池塘風格
池上有軒
迎風邀月兩相悅

軒旁有亭
亭旁有閣
閣前梅清松古
茗茶壺觴總相宜
雅潔饒富古趣
有似吳門之網師
西湖池館之幽
汾陽別墅佔魁矣

註：汾陽別墅即郭莊，位於環湖西路臥龍橋畔。始建於清咸豐年間，宋端友所建，名爲「端友別墅」。後宋家中落，光緒年間歸屬於絲綢實業家郭士林名下，改名爲「汾陽別墅」，一九九一年修復開放。

雷峰塔

煙光山色淡溟濛
千尺浮圖兀倚空
湖上畫船歸欲盡
孤峰猶帶夕陽紅

南宋　尹廷高〈雷峰夕照〉

曾像「老衲掛偏袈」
「日日看西湖　一生看不完」
曾像「醉翁潦倒立」
「西湖是酒床　一口吸西江」

曾頹然榛翳間　藤蘿牽引
依然蒼翠可愛
曾轟然成廢墟　蒼涼無語
依然透出靈機
黃妃千年夢

「塔起金輪　千載如昨」
物換星移　千年滄桑
「雷峰塔之魂」　安然無恙
「塔祭蛇仙」　千年神話
情愛之貞　慕親之忱
天長地久

新塔千年古意
千言萬語　千姿百態
都付大好夕陽

註：「雷峰塔之魂」指純銀阿育王塔（佛螺髻髮舍利塔）。又「」中分別引自清・張岱〈雷峰塔五絕〉。南宋・張榘〈應天長〉詞〈雷峰夕照〉及現代・白啓寰〈雷峰塔楹聯〉。

淨慈禪寺

淨理勝因願從今日稱居士
慈恩慧業長與名山作主人
大雄寶殿楹聯

門前一湖水
日照光明生
風來波浪起
延壽禪師的偈句（註一）
以心為宗
以悟為則
運木古井旁
奇衲俠僧濟公傳奇
遊戲人間
出世又入世
脫俗亦隨俗的奇人

聽說妙音台（註二）
聽得南屏晚鐘最傳神
先登鐘樓
想像東坡先生筆下
淨掃清風五百間的盛況（註三）

註一：延壽禪師是淨慈寺第一代住持，著《宗鏡錄》一百卷，強調「萬法唯心」。南宋時寺內曾建有「宗鏡堂」。

註二：「妙音台」位於雷峰新塔游賞區內。

註三：淨慈寺始建於吳越國建都杭州後，北宋時叢林之盛，號爲「南山之冠」。

望湖樓

入座煙嵐銷錦繡
隔簾雲橋繞樓臺

望湖樓楹聯

東坡先生極喜愛的樓
先生二十八字雨珠雲墨（註）
樓下依舊水貼天　天黏水

樓上望湖　何語比湖上煙雨
想在湖邊每個山頭看足煙雨
想起東坡先生說的
西湖天下景
湖上四時看不足

註：蘇東坡〈六月二十七日望湖樓醉書〉：
「黑雲翻墨未遮山，白雨跳珠亂入船。
卷地風來忽吹散，望湖樓下水如天。」

斷　橋

橋識斷名原不斷
不須費盡心思
何日何年斷得來

白堤至此橋而斷
斷橋現出了
白堤的流暢曲線美

橋頂煙波浩瀚
橋堤綠蔭如幙
橋望如裙帶

橋融合在雲水天光山色中
橋自古就是
湖山佳處

孤山大觀

錢塘之勝在西湖，
西湖之奇在孤山。《御覽孤山志》

放鶴亭·林逋墓

世無遺草眞能隱
山有名花轉不孤
清　林則徐

誰說逋仙無家
自愛林表煙霞
家居物外
誰說逋仙無妻
玉梅自開花
疏影橫斜　暗香先返
佔盡風情
誰說逋仙無子
靈鶴放去舞長空
嗚臯嗚臯　志衝九宵
逋仙真愛青山綠水
一生風清月白
湖山豈有遺人
逋仙一生處士
三十年勝隱得孤山
閒心豈止壯千古
逋仙墓中惟端硯一方
　　玉簪一隻
墓前修竹亦蕭疏（註）
遺蛻雲根豈遜舍利子

註：林逋（和靖）先生自題詩中句。又嗚臯係先生飼養靈鶴名字。

九十二年十一月中國詩歌藝術學會《詩藝飛揚》。

秋瑾墓

清　陶浚宣

巾幗拜英雄　求仁得仁又何怨
亭台悲風雨　雖死不死終自由

願埋骨西泠
俠女已如願
愛自由　勉勵自由
俠女不居人後
求仁而得仁
俠女已無怨

頭經刀斷身方貴
俠女身貴矣
魂共湖水蕩
屍不泥封骨始香
俠女骨香矣

骨爭湖水潔
岳武穆　于忠肅　張司馬
俠女有伴矣

湖山不改
仗有巾幗英雄氣
俠女氣煞秋風秋雨
偏留萬古悲

註：秋瑾〈勉女權歌〉：「吾輩就愛自由，勉勵自由一杯酒。男女平權天賦就，豈甘居人後。」秋瑾弟秋宗章《六六私乘》中云：「當六月初旬，吾兄弟顛沛造次，已爲亡命之客，懾於淫威，不敢前往收屍，但由善堂草草成殮，槀葬府山之麓，掩蔽無具，聽其暴露。」

秋瑾絕筆：「秋風秋雨愁煞人。」

六一泉

湖兩山孤　此處有泉可潄也
天一地六　先生自號無説乎

現代　佚名

清泉一泓　汩汩如思
惠勤上人於此幽棲
東坡先生為泉作銘
泉後曾有東坡庵
泉上曾有石屋覆
泉頂現有亭
亭上一眼呑湖山
東坡先生有所思
思慕六一居士　山高水長
思與惠勤上人　誼重死生
清泉一泓　可濯幽人襟
歐　蘇二公與上人
精誠有咸通
流風雅韻
萬象涵古今

註：北宋熙寧四年（一〇七一年）蘇軾通判杭州，臨行前往汝陰辭別歐陽修。歐陽修將惠勤僧介紹給蘇軾。蘇到官三日，往孤山探訪惠勤，結爲詩友。熙寧五年歐陽修謝世，蘇軾與惠勤同哭於孤山僧舍。元祐四年（一〇八九年），他再次出守杭州，時惠勤已圓寂。重訪孤山舊舍，見講堂之下有泉水湧出，遂鑿岩導泉，架石爲室，覆於泉上。因歐陽修號六一居士，故取名六一泉。撰〈六一泉銘〉刻於石壁。又在泉後築庵自居，登山飲泉，緬懷故友。

西冷印社

面面有情　環水抱山山抱水
心心相印　因人傳地地傳人

現代　葉翰仙

盡收遠處空濛山色
都歸館前閣中
全貯內湖外湖勝景
都在眼中當下
美哉斯景
人間何處有此境

修竹如翠簾
竹閣還是唐時意趣
柏樹如金石
柏堂還有宋時風貌
紫藤白梅
歲青岩下紅泥香

印人與古為徒
金石篆刻成就
六書文字精髓
印社百年耕耘
楹聯碑刻鑄就
文人園林精華
墨客好遯
書詩畫印花乳石

註：「竹閣」唐・白居易築。「柏堂」北宋・志銓和尚建。約於清光緒二年（一八七六年）重造。「歲青岩」（位於「遯庵」後）下西側有「潛泉」，池水清冽甘甜，泉中曾產稀有之淡水母。早年西冷印社的潛泉印泥也是因此而取名。

西冷印社創建於清光緒三十年（一九〇四）吳昌碩《西冷印社記》：「印之佩見於六國，……逮元時始有花乳石之制。……」

樓外樓

屈醉陶醉隨斟酌
春韭秋蒓入品題

現代 佚名

樓在宋人詩句中
山外青山樓外樓
樓在俞樓咫尺外
曲園先生題樓名
樓前碧波彩雲
連天外光影
樓後綠樹芳草
接山外風影

樓中醋魚滑
蓴菜羹嫩
東坡肉膩
杭竹青醇
樓中佳餚與美景共餐
斯樓坐對四時佳興
能不詩乎
斯樓坐對大好湖山
能不醉乎

綠雲徑

孤山山脊自成蹊
夾徑深林望若迷
怪底行來衣履潤
披雲尋綠藹淒淒

清 乾隆皇帝

綠葉成蔭
花木襯托的徑
綠蔭如雲
煙雨滋潤的徑
綠意襲人
塵襟盡撣的徑
莫憶起行宮滄桑
湖上舊事
疊石奇峰
也如閒雲
無盡芳草
畫也不如
敬一書院
瀛嶼芳馨
莫忘懷四部圖書
南北峰雲

註：南宋理宗淳祐十二年（一二五二年）孤山南坡曾興建規模宏大的西太乙宮，半座孤山被劃爲御花園。清代康熙南巡時，又以此作爲行宮，現今中山公園就是當年行宮的一部份。「綠雲徑」在園中，係清行宮八景之一。行宮的「玉蘭堂」於乾隆四十七年（一七八二年）改建爲「文瀾閣」，是收藏《四庫全書》的七大書閣之一。

慕才亭

湖山此地曾埋玉
花月其人可鑄金
皮淋集句

「歌聲引迴波
舞衣散秋影」
青樓奇女
愛才慕才
「幾回錯認青驄馬
著處閒乘油壁車」
奇女多情
「苦心相望欲何如」
奇女痴情
「不知誰同穴」

香奩艷語　語猶在耳
多情痴情　情歸何處
蘇小小結同心處
「徒願結同心」
「無物結同心
煙花不堪翦」
西冷松柏
年年為誰綠

註：西冷橋古名西林橋，西陵橋。橋側舊有蘇小小墓，墓上覆亭曰慕才亭。蘇小小，南齊時錢塘歌妓，後遭遺棄，含怨去世。後人憑弔詩文不絕。

〈樂府・蘇小小歌〉：「妾乘油壁車，郎跨青驄馬。何處結同心，西陵松柏下。」

又「」中詩句，分別引自：唐・沈原理〈蘇小小歌〉、唐・辛文房〈歌〉、唐・張佑〈蘇小小〉、唐・李賀〈蘇小小墓歌〉。

玉皇飛雲

山暖當看水涼知夕
字瘦題石詩寒說雲

現代 李理山

龍飛遺跡　成此道教仙山
九霄紫氣　開此洞天福地
風起雲湧　顯此江湖偉觀
宋九宮八卦田
至今不紊
中阜規圓　環以溝塍
黃金作埒　碧玉為疇
恍若河洛圖中
分佈的陰陽爻象
習習天風

慈雲嶺千年古道遺風
天地何其大
豪情正濃升雲中
景物何其多
逸興正飛揚雲中
福星高照江湖間
遊福　口福　眼福
何其多福

註：晉．郭璞詩：「天目山垂兩乳長，龍飛鳳舞到錢塘。」中的龍，即指玉皇山。玉皇山古稱龍山，又名玉龍山。「玉皇飛雲」現爲西湖新十景之一。清雍正年間浙江總督李衛在山頂闢建「福星觀」，俗稱玉皇宮，後毀於戰火，同治九年（一八七〇年）重建，現觀內原有部份建築已改建成茶室和素菜館，凡遊西湖欲嘗素菜，非福星觀莫屬。

吳山天風

老樹扶疏夕照紅
石台高聳近天風
茫茫灝氣連江海
一半青山是越中

秋瑾〈登吳山〉

吳山大觀

裝點湖山呼來上下幾重閣
打量吳越換了東南第一州

城隍閣景區照壁楹聯

大山小山　山簇擁山
山帶瑞氣
天風山風　風吹著風
風送爽氣
天風送我登上山頂

山色招我進入畫中
江水湖水　左江右湖
水印雲影
樹影石影　影亂人影
影弄幽影
玲瓏石影　撩我遐思
婆娑樹影　予我舞姿

江湖匯觀
杭城繁華
確是大觀

註：吳山最高處是紫陽山，山上大片裸露的石灰岩，表面光滑，微帶青紫色，陽光下有如寶光瑞氣縈繞山間，故前人稱之爲瑞石山。吳山自古有五多：古樹清泉多、奇岩怪石多、祠廟寺觀多、民俗風情多、名人遺跡多。「吳山大觀」係清西湖十八景之一，「吳山天風」則爲今日新西湖十景之一。

城隍閣

八百里湖山知是何年圖畫
十萬家燈火盡歸此處樓台

現代　徐渭

倚欄極目
望得湖面有如臨鏡
憑欄凝神
聽得濤聲有如天風

湖上諸峰　堆青潑黛
淑氣迎人
街衢綺陌　紅塵霧起
花氣漲天
似向雲霄展丹青

大戲台上
好戲連場聞語笑

名場利場　都是戲場
做得出滿天富貴

周新祠前
宋代古樟翠如洗
清官鐵面凌霜（註一）
仰孤臣丹心貫日

伍公神廟　何時重建（註二）
欲晤名臣誇盛世

註一：周新，廣東南海人，明永樂年間曾任浙江按察史，爲官清廉，執法如山。擅長破解疑案懸案。後遭奸黨誣陷，含恨冤死。周新後被封爲杭州城隍廟神。

註二：吳山東側舊有「伍公廟」，西湖最早出現的以眞人爲神的祠廟之一。伍、吳音轉，便成了吳山。後毀於咸豐末年戰火。

十二生肖石

石是象形石
從一定的角度看出十二生肖
石是想像石
從文人的雅趣解讀
神似巫山十二峰

饒姿豐態
縱橫交錯的石芽
奇秀一色
可累日盤桓的靈石

註：此組岩石群位於紫陽山北坡，科學名稱爲「石芽」。因爲紫陽山一帶裸露的岩石爲船山石灰岩，地表水沿岩石表面流動，使裂隙部份溶蝕，形成了凹槽，日久天長，裂隙加深擴大，岩石起伏也更明顯，終於成此奇型。

寶成寺麻曷葛剌造像

佛也是有恩有威的
猙獰也是一種莊嚴
伏魔也是一番功業

金鋼叉　木魚槌
鐵末化為如意珠
骷髏數珠
可見婆娑劫海枯
本尊下覆蓮花座
青黃赤白總是蓮花

註：寶成寺地處吳山景區寶蓮山麓，吳越時始建。造像於元至治二年間開鑿於寺正視岩壁右側，是大陸唯一有絕對紀年的麻曷葛剌造像。麻曷葛剌是藏傳佛教「大黑天」（即「大日如來」）的梵文音譯，元朝祀作軍神。

瑞石古洞

形似浮雲的飛來石
碧雲一抹
覆在洞頂

狀似橐駝的山峰
峭削凌空
奇石攢湧
寒泉澄泓
壽藤怪蔓
圍在洞四周

雲氣穿洞
仙氣進洞

洞中煮石點燈
何等空靈
洞門葉落無人
何等空寂

順逆應俱忘
壽年豈可期

洞外野菊紫竹
空翠撲面

註：洞位於紫陽（瑞石）山北，清幽徹骨，湖山奧區，罕與倫比。有「城南小靈鷲」（意即「小飛來峰」）美譽。洞內石磴曲徑，履舄所涉，栩栩然覺有仙風焉。洞口岩壁上，鐫有極大「壽」字石刻。

九十二年十一月中國詩歌藝術學會《詩藝飛揚》。

感花岩

去年今日此門中
人面桃花相映紅
人面不知何處去
桃花依舊笑春風

唐　崔護

頗有浪漫色彩的本事
饒有耐尋趣味的題詩
人面桃花的經歷
移花接木的詩題
人面桃花的故事
竟成了東坡居士的前生事
事真事假　意趣不假
花似往年花
三代詩人的唱和和感慨
春風又起　又是一年游

註：岩位於瑞石古洞東側。紫陽山崔護賞桃遇女題詩，屬子虛烏有，因經考証，崔護一生並未到過杭州。逮明朝托古成風，將蘇東坡的〈留別釋迦院牡丹呈趙倅〉（實爲山東密州即今諸城縣任上所作）：「春風小院卻來時，壁間唯見使君詩。應問使君何處去，憑花說與春風知。年年歲歲何窮已，花似今年人老矣。去年崔護若重來，前度劉郎在千里。」詩題改作〈寶成院賞牡丹〉（詩鐫石壁，筆法甚遒，係明朱術洵據拓本重刻，並題爲「感花岩」。其旁有「歲寒松竹」四字，乃明成化間吳東昇題者。）後崔世名也題詩一首：「撫石看詩歲已徂，君王復許長西湖。風流未必同崔護，感激依然憶大蘇。謫筆岩空勁拂拭，短笻人醉強支吾。前生或恐求漿者，笑問桃花事有無？」獨有異想，視求漿者即東坡。今古如幻，乾坤與物齊。眞假何須執著，假有假的意趣，足以讓人愉快地領略一番獨特的風情和文壇往昔逸事。

湖舫

依然水枕風船
重向煙波尋舊夢
何必淡妝濃抹
一空色相見天眞

總宜船楹聯

船中感受西湖
意在東而東　意在西而西
山隨船轉　船動山也動
景隨船移　船行景也換

船中寄情西湖
這山為迎　那水為送
夾岸桃柳
蘸水開花飛舞
可知天然圖畫
時時作我

湖心亭——湖心平眺

如月當空　偶以微雲點河漢
在人為目　且將秋水剪瞳人

明　張岱

在水中央
一片清光浮動
水月光中
太虛一點勾留
亭立湖心
靜觀萬類收萬象
湖心平眺
風來水面集群流

十分明月都到湖心
廣寒宮原在湖心亭

九十二年十一月中國詩歌藝術學會《詩藝飛揚》

小瀛洲——三潭印月

一檐虛待山光補
片席平分潭影秋
清　羅椝

山光四圍裡
水光四合裡
青山綠水
我心相印
人在忘言中

時而曲橋相通　柳堤相連
時而竹徑通幽　藕花香風
時而亭亭亭　九獅石上嬉戲
園中有園
湧出樓台
人入畫中畫

三潭印月
湖中影成三（註）
天月水月塔月
心中映月
明月自來去
潭影無古今
月升波面
鑒定空明
人從鏡中行

註：島後湖面有三座石塔，亭亭玉立在盈盈綠水中。月色溶溶時，月光、燈光、湖光，月影、塔影、雲影，交相輝映，溶成一片。前人有詩云：「碧水光澄浸碧天，玲瓏塔底月輪懸。」正是形容此美妙情景。

九十二年十一月中國詩歌藝術學會《詩藝飛揚》。

蘇堤六橋

六橋橫絕天漢上
北山始與南屏通
忽驚二十五萬丈
老葑席捲蒼煙空

宋 蘇軾

形似彎弓橫波
勢若長虹跨湖
六橋風采大觀矣

映波橋

映照花港花影
倒映飛甍好向
煙柳淡蕩處去

鎖瀾橋

鎖住掠水風花
綠島三潭
保俶倩影
都在顧盼生輝裡

望山橋

望盡湖山百態
摘取南北雙峰
插雲入鏡中

壓堤橋

壓不住深水濃情（註）
艇子出花間
細雨吳歌畫船溼了

東浦橋

東方日出橋面
湖中水舞金蛇

紅雲半壓
花前襲人
跨虹橋
跨入雨後長空
橋頭彩虹中臥
側枕進入仙境
西湖山光水色
花容樹姿
六橋燦然大備矣

註：〈西湖竹枝詞〉：「茅家埠頭芳草平，第四壓堤橋影橫。橋外飛花似郎意，橋邊深水似儂情。」可知舊時「壓堤橋」是西湖又一情人橋。橋舊通茅家埠，橋下湖水極深，橋兩頭堤上，楊柳成蔭。

蘇東坡紀念館

濯錦月明謳歌西子
峨眉星漢落筆錢塘

現代 徐潤芝

西湖幸由先生落筆潤色
幸得先生疏浚築堤
似與先生大有宿緣
先生耽昵西湖
「若把西湖比西子」
先生放浪西湖
「欲將公事湖中了」
先生眷戀西湖
「欲買西湖鄰」

註：「」中詩句，引自蘇東坡、秦少章。

九溪煙樹

小住爲佳且吃了趙州茶去
日歸可緩試同歌陌上春來

現代　樊增祥

九溪多山
山多得煙嵐
九溪多水
水多有蜿蜒

山連山
山因煙嵐而更生動
水接水
水因紆回而更靈動

九溪山水
共生蔥蘢綠樹

連山樹色在煙嵐中
秀意橫生

曲折路徑在煙嵐中
愈轉愈深
愈深愈幽

叮咚水聲在煙嵐中
猶聽古樂

山重水複
雲樹掩映
可以緩緩
緩下心思
慢下腳步
可以平常心
領略種種看似平常
卻不尋常的山野清氣

川西名勝

廣漢三星堆博物館

沉睡三千年
一醒驚天下

玉皇大帝
從天上撒下的三把土
三星伴月
風水寶地的
驚天動地的發現
古蜀王國的聖地
蜀文化的源頭

世上最引人注目的
考古發現
出土物比兵馬俑更加的
非同凡響
絕世奇珍
改寫世界美術史和文明史

蠶叢及魚鳧
開國何茫然
詩仙的感嘆（註）
已被吾輩今日面對
如斯璀燦精美的文物的
驚嘆所取代

註：李白〈蜀道難〉

德陽龐統祠墓

清　李光漢

眞儒者不徒文章名世
大丈夫當以馬革裹身
豪傑豈能以成敗論
鳳雛如不身先士卒
血灑雒城
劉備何能成都稱帝
士元耳聽百人言
眼觀十行字
胸藏萬卷書
計獻連環　點破東風
三計策蜀
白馬關前　白馬騰飛
甘讓臥龍作老臣

靖侯丹心鐵面
並武侯同為蜀漢股肱
忠格天地三才
忠義猶掛人間
可惜天心有定
不然江山未必竟三分
祠庭張飛手植古柏
黛色參天　霜皮溜雨
丞相葛侯長相左右
父老歲時常思
祠墓常新
遙並錦城惠陵

註：龐統字士元，號雛鳳，謚靖侯。《三國志》、《後漢書》皆載龐統戰死雒（今廣漢市），惟《三國演義》依民間傳說，寫龐統與劉備換馬，中伏死於「落鳳坡」。又惠陵指成都劉備墓。

江油李白紀念館

太白遺風

太白遺風
興在一杯中
風流人物何妨一杯在手
一杯飲盡千古風流事
鰲吞鯨吸千杯酒
醉後乾坤大
醉來天子不能呼
酒膽海樣大
醉裡挑燈看劍
明日依劍登高台
飲過醉過
方知太白遺風在

太白傳奇

酌酒花間　磨針石上
倚劍天外　掛弓扶桑

現代　郭沫若

詩仙李白
大句侔造化
奇句叩青天
天馬愛行空
詩句多從天上落
醉聖李白
月醉花間酒
酒渴思吞海
醉起言志
對酒還自傾

劍俠李白
「飛揚跋扈」
「誓言斬鯨鯢
澄清洛陽水」
「託身白刃裡」
躬行實踐「俠義道」

道士李白
「五岳尋仙不辭遠」
「仙人駕彩鳳」
詩人跨巨鯨
「浩蕩難追攀」

匡山青翠
涪水清縈
池館清幽
此處是太白故里
香雲花雨　謫仙何不歸來（註）

註：「香雲遍山起·花雨從天來」二句，出自李白〈尋山僧不遇作〉。亦是紀念館「香雲」、「花雨」二軒得名由來，是對李白紀念館環境的贊美。
又「」中詩句，出自《李太白全集》。

平武報恩寺

歷著劫灰毫未損
爲例土官可知今

現代　李先達

當今皇帝萬萬歲
龍位一供牌
萬歲供牌
萬世皆通
既是土官不為例
准他這遭
聖旨一句話
准他這遭
總是關情
土官心上事
了卻已否
問鼎野心事
有心無心
假作真時真亦假
敕修自修論不休（註一）
土官似不甘寂寞
得無容身處
耗盡心膏
喬裝特立佛前（註二）
恭聽如來說法
還是有意立像給後人
土官最是最鍾情
觀音一仟零四隻手
蟠龍一萬條
斗拱二仟二佰餘朵
轉輪經藏（註三）

寶坊十景
報恩鑒古今
似宮似廟
絕奇傳古今

註一：現代・張樹敏〈贊報恩〉詩中句。寺山門上懸掛匾額「敕修報恩寺」。

註二：報恩寺係明鎮守平武的龍州宣撫司土官僉事王璽、王鑑父子仿紫禁城故宮，全用珍貴楠木，歷時二十年建成。萬佛閣如來佛像前有王氏父子塑像。

註三：「轉輪經藏」（亦稱「星辰車」）用於藏經和法器，象徵因果輪迴。

茂縣

蘋果花香
花椒子香
羌族少女告訴遊客
白茶　紅茶　生態茶
不同的香

坐畔花香
留客飲香
花放香林中
六角八角的雕樓
遠映楊六郎
叱吒風雲的金槍山

註：茂縣係羌族自治區，盛產蘋果、花椒、茶。金槍山位於大地震遺跡疊溪海子附近。

南坪九寨溝

羊峒番部内，海狭長數里，
水光浮翠，倒影林嵐。
《南坪縣志 翠海》

水真的很美
美的有形有影
有聲有色
美如童話世界

水在林中流
樹在水中生
水形動靜交錯

山托水 水浮山
魚游雲瑞 鳥翔海底
水影倒正難分

瀑布轟鳴 溪水低吟
水聲交響成樂
比交響樂
更繁富更動聽

孔雀藍 寶石藍
藍得夠濃
藍的令人心醉
有的藍還找不出適當的
詞藻形容
水色一步一換

水美天下
水中定有神仙住
九寨歸來不看水

千秋名堰

恢拓禹功名父子
創開天府古神仙
二王廟楹聯

三字經　六字訣　八字格言
心隨江水水從心（註）
魚嘴　寶瓶口　飛沙堰
川西第一奇功
功昭蜀道

從此川西
舟行清宴
稻浪連天

從此蜀地
天下謂之天府

功追大禹
竟成斧椎神功
大禹亦不如
功早長城
長城早已失功用
曠世奇堰　中華國堰
活水永不竭

有功於民者視為神
李太守真神人
石刻神像
曾沒淤泥而藹然含笑
江若素虬　音如浮磬
煙波雲樹裡
二王廟恍若綠野仙都
香火永不斷

註：現代・鄧拓〈題都江堰〉詩中句。

雙流縣黃龍溪古鎮

一河兩水分碧濃
三寺一街聚仙古

現代 劉仕金

一水清一水濁
二水如衣帶相合
依稀可見
赤水似黃龍游動
古榕如幢
獨占鰲頭
鎮守二水匯合口
水景天下奇景
街坊古貌古趣
青色石板街
香樟木小閣樓

正街兩廊
檐柱排立
川西一絕
河腳吊腳樓
干欄文化
明清典型街坊
一街三古廟
古龍寺
古榕樹
廟中有樹
樹中有廟
廟中有街
街中有廟
廟前古戲台
飛角板鰲
雷針穿霧

三古合為一
三山一洞天
古佛洞中鎖黃龍
山中石龍
水中黃龍
寺中古龍
龍騰九天

到黃龍溪仙境
便成龍和仙

古鎮十處古景
遺跡古
山崖古
江河古
風俗古
古鎮十大名鎮

註：《仁壽縣志》：「赤水與錦江（府河）匯流，溪水褐，江水清。土人謂：『黃龍渡青江，眞龍內中藏。』」三山一洞指位於臥龍山的金華庵（古佛洞），庵中有一古洞，相傳黃龍頭在古佛洞，尾在黃龍溪。

古鎭區現有十處以「古」爲特色的景點，分別是：古街坊、古寺廟、古建築民居、古樹、古崖墓、古佛洞、古佛堰、古戰場、王爺坎、三縣衙門。

古鎭譽爲：「小桂林」、「小西湖」、「小武漢」，已列入大陸十大名鎭之一。

成都古蹟

武侯祠

諸葛大名垂宇宙
宗臣遺像肅清高
唐　杜甫〈咏懷古跡〉

門額漢昭烈廟　卻道是武侯祠
祠附於昭烈廟　益彰武侯忠烈
從來名位遜勛烈

三顧頻繁　一番對晤
先主是真情禮賢
天下之重如此
知其不可而為之
武侯是效死不渝
君臣真如魚水

桃園結義　異姓勝同胞
因義聚合　因義奮戰
義薄雲天
兄弟真能同生共死

文臣　文華輔國
武將　武雄知兵
祖孫父子兄弟君臣上下
祠中朝庭　廟祀一堂
忠義仁孝　濟濟一堂
一體千秋廟祀

惠陵一坏土　中有漢家龍
石麟古道　漢家官儀猶在
自古生死存亡　為爭正統
天下雖三分　蜀為正統（註）

註：東晉·習鑿齒著《漢晉春秋》，以蜀漢為正統。

杜甫草堂

異代不同時
問如此江山龍蜷虎臥幾詩客
先生亦流寓
有長留天地月白風清一草堂

清 顧復初

其一

浣花溪水水西頭
詩成風雨驚（註一）
詩史詩聖
光焰萬丈
千載慕名
猶自尋訪
柴門月色新

水檻綠波遣心
花徑藤花匐墻
揣摩詩中當時意境

茅屋清江
野橋菜圃
「舍南舍北皆春水」（註二）
想見詩中當年情境

草堂春未老
「文章驚海內」（註三）
一草一木
猶見詩人行吟

註一：杜甫〈卜居〉。
註二：杜甫〈客至〉。
註三：杜甫〈賓至〉。

其二

二年心血經營
占卻錦江春風
千年風景
依然秀麗

目之所及
興之所致
無不入詩

二百四十首詩
詩中波瀾
有憂患意識
田園風光
恬淡風情
三年零九個月幽居
浣花深處
「幽居不用名」（註一）
有林有塘
有花有樹
有鳥有蝶
交游不用絕

千金無復換得新詩
欲思其人
已成其處
茅屋千載如新
「萬古只應留舊宅」（註二）

註一：杜甫〈遺意二首〉
註二：唐·雍陶〈經杜甫舊宅〉

其三

楠樹　蔚然成林
松樹　枝幹虬曲
桂樹　成片成叢
梅樹　花事繁盛
綿竹　身影綽約
荷蕖　田田亭亭

詩人寫景的
　寫意的
　寄情的
　寄懷的花木
花木滿院滿庭

今日的草堂
詩人筆下的草堂
一脈相承

其四

浣花溪水質好
古時濯錦造紙益鮮明
一浣而成花

浣花溪畔花似錦
古時花滿溪
千朵萬朵壓枝低（註）
一路香不斷

今日浣花溪
綠水盈盈
波光漣漣
千古名溪
再現古時風彩

註：杜甫〈江畔獨步尋花七絕句・其六〉

其五

獨立蒼茫自咏詩（註一）
詩卷長留天地間（註二）
作詩無一字無來處
憂世無一時無不憂
詩人以來
未有如子美者（註三）
一代詩宗集大成
語不驚人死不休
平生硬語愁吟
開得宋賢兩派（註四）
殘膏賸馥
子美沾丐後人多矣（註五）

註一：杜甫〈樂遊園歌〉。
註二：杜甫〈送孔巢父謝病歸遊江東〉
註三：唐・元稹語。
註四：清・王闓運楹聯句。
杜甫一生忠君愛國，其具有沉鬱頓挫風格的憂國憂民詩作啓迪影響後世詩壇，尤其是宋代以陸游爲代表的劍南詩派和以黃庭堅爲代表的江西詩派。
註五：引自《新唐書・杜甫傳》。子美，杜甫字。

其六

先生一生顛沛流離
多在茅屋棲身度日
茅屋為秋風所破
古楠為風雨所摧

寒士多矣
豈有廣廈千萬間
風雨無情
豈有萬物能不朽

窮年憂黎元
詩作為民請命
每飯不忘君
詩風變雅宗旨（註一）
民間疾苦多矣
大雅不作久矣

吏情難酬
豈止先生而已
滄州遠近
豈止先生計較（註二）

註一：〈變雅〉是《詩經》中〈小雅〉、〈大雅〉的部份內容，原指反映周朝政治衰亂的一些作品。此處是以此借指杜甫憂國憂民，反映唐代社會由盛而衰的社會現實主義詩篇。

註二：杜甫〈曲江對酒〉末二句：「吏情更覺滄州遠，老大徒傷未拂衣。」詩意謂，因爲在朝爲吏，思想受到職務約束，更覺得遨遊山水的「滄洲之志」越來越遠離自己。

其七

詩傳千秋
大名垂宇宙

名同諸葛武侯
道德文章
文治武功
業跡相同

名同詩仙太白
中國詩歌史上
雙子星座（註一）

詩作描繪歷史畫卷
歌吟成史乘（註二）
雖流落飢寒
終身不用
而一飯未嘗忘君
憂國憂民
至於忘我
惟我詩聖

詩人好溪山
懶性從來水竹居（註三）
碧草春色
密藻圓沙
黃鸝好音
群鷗日日依草堂

草堂四時長青
詩人容顏常新

註一：現代·郭沫若先生語。
註二：清·嚴岳蓮楹聯。
註三：杜甫〈奉酬嚴公寄題野亭之作〉。

文殊院

錦官佛地
地多寶藏
西天文物萃斯樓（註）
鬧市中淨土
康熙題字空林
禪師禪定中出現紅光
化出文殊菩薩形象
文殊智慧為第一
菩提智解脫德
慧生於覺
覺生於自在
生生還是無生

新建文殊閣
氣勢雄偉莊嚴
造型精美古樸
接引娑婆客
相隨同路
金剛體童子心

註：現代・郭沫若先生贊語。文殊院迄今已有一千三佰多年歷史，四川四大叢林之一。寺內供奉有唐玄奘法師頂骨，稀有經書等絕世珍寶。

薛濤・望江樓公園

其一

言語巧偷鸚鵡舌
文章分得鳳凰毛

唐　元稹

既諳律呂　復善丹青
字無女子氣
詩有林下隱者風度
不取前人餘唾
細膩風光才女自知（註一）
自製靈秀小箋
裁書供吟　獻酬豪傑
未結良緣
總向紅箋寫自隨（註二）
情盡筆墨
潑成紙上猩猩色（註三）

愛竹頌竹贊竹
才女以竹自況
公園多竹
天下第一竹園
幽篁如海
讀竹品竹　咏竹畫竹
幽幽情懷

竹林深處
女校書文采風流
春容歲歲（註四）

註一：薛濤〈寄舊詩與元微之〉：「……細膩風光我獨知」。

註二：同前註。

註三：唐・韋莊〈乞彩箋歌〉。

註四：公園中的竹林深處，有薛濤像，高三米，漢白玉雕成，體態豐滿，臉似玉盤，髮冠高聳，身著羅衣，手執詩卷。

其二

古井平涵修竹影
新詩快寫浣花箋

清　歐陽夢蘭

樓台亭閣
一竹一木
一井一巷
懷古為重
處處皆是
薛濤詩魂化身

珍藏幾張
薛濤箋紙（註一）
浣箋留得陳年韻事
汲得古井餘芳
烹茗留得甘香（註二）

登樓遠眺
錦城既麗且崇
好景格外分明
獨懸的上聯
似乎難望有繼（註三）

註一：望江樓前有仿製的薛濤箋出售。

註二：沿江一帶有娛樂服務區，茗椀樓是園內主要茶館，用薛濤井泡茶，甘冽無比。

註三：望江樓（崇麗閣）曾有清朝某江南名士，獨懸一上聯：「望江樓，望江流，望江樓上望江流，江樓千古，江流千古。」氣勢宏大，渾然天成，似乎難望有繼。

其三

花箋茗椀香千載
雲影波光活一樓

清　何紹基

淪為樂伎的無奈
奏而未授的校書
怎教紅粉不成灰（註一）

千古鸞箋
艷色天下重的詩箋
蜚聲古今中外的詩名
美人香草續離騷（註二）
枇杷花下的閑居
菖蒲滿門的閑情（註三）
拋散些閑恨閑愁

快意成絕句（註四）
一江的清風
一樓的煙雨
一井的綠波
平分工部的草堂
　武侯的祠堂
古天府第一郊外公園（註五）

註一：唐・白居易詩句。
註二：現代・陶亮生楹聯句。
註三：公園內有「枇杷門巷」，根據唐・王建詩〈寄蜀中薛濤校書〉中：「萬里橋邊女校書，琵琶花下閉門居。」一句而建。又相傳薛濤居住浣花溪時，種菖蒲滿門。
註四：清・鍾祖芬楹聯句。
註五：現代・佚名楹聯句。

永陵

已發掘的
唯一一座
地上皇陵

極為罕見的
地面拱起築墓

已出土的
獨此一尊
皇帝石像

王建的真容
一千年後
依然栩栩如生
令人驚嘆不已的是
中室棺座三側

生動優美的
石刻二十四樂伎
虹裳霞帔步搖冠
細纓累累珮珊珊
再現唐代
霓裳羽衣曲舞的
姿韻風貌

石雕璀燦
玉冊玉帶斑爛
銀器鐵器精美

前蜀豐美的文物
再現古代成都輝煌的
歷史文明

青羊宮

西出函關佛子拜
東來魯國聖人參
八卦亭楹聯

相傳老子曾牽青羊過此
在此傳道（註一）
大道不可道
無為而有為
五千言強啓玄機
自然自有玄機
八卦亭雕八十一龍柱
老子八十一化
八卦亭畫六十四卦
交配成萬化
銅羊青光如鏡
十二生肖化身

昔日青羊肆聽道（註二）
無極而太極
不神以為神
今日宮中茶肆淨茗
清心在前
少思寡欲守住靜篤

註一：唐·樂朋龜《四川青羊宮碑銘》：「太清仙伯敕青帝之童，化羊於蜀國」。《古今集記》：「老子乘青羊降，其地有台存。」青羊肆原是成都古時商品交易所。後來，道教教徒根據此說在這裡建宮觀，供奉老子。

註二：《蜀王本紀》：「老子爲關令尹喜著《道德經》，臨別曰：『子行道千日後，於成都青羊肆尋吾』，時隔三年，老君降臨此地，尹喜如約前來，老君顯現法相，端坐蓮台，爲尹喜敷演道法。」

黃山六奇

大觀

峰奇石奇松更奇
雲飛水飛山亦飛

清 魏源

黃山奇美
造化技癢生奇觀

松是奇形
以石為母
以雲為乳

石是奇巧
巧形巧狀
巧奪天工

雲是奇貌
象皆不定
位移而活

泉是奇質
晶瑩溫泉
浴罷登仙

雪是奇品
雨淞霧淞
冰雕玉琢

光是奇幻
寶光靈光
虛像浮像

黃山奇絕
奇至不可思議

松奇

無石不松
無松不奇
《黃山志》

其一

石髓生的
風雨長的
長在石巔
生在石罅
慢條斯理地長
長時 從容吞雲吐霧
直著長
橫著長
斜著長
貼著壁長
倒掛著向下長
頂風傲雪地長
長成 古銅花樣風華
愈短愈老
愈小愈奇
愈乾 愈不會枯
愈瘦 膏脂愈多
松相石相
豈能分辨
松相豈能窮盡
松相太奇

其二

一松一景
一景一奇

樹枝雍容瀟灑地
向一側延伸
輕舒翠袖
似在迎客

樹枝優雅藝術地
向下方曲繞
低垂揖袖
似在送客

松如黑虎
根枝張牙舞爪
神虎借松顯形

松如臥龍
幹橫披角鬚張
神龍偃而待飛

松如龍爪
支幹外露曲張
爪背氣勢強勁

松如蒼龍探海
側枝凌空斜伸
探得雲海煙霞

柯交葉互
平行直上
松像是
連理並蒂枝
一樹五垂
團團相抱

松像是
簇簇綠絨繡球
平正若砥
針葉有序
松疑是
仙人弈棋處
樹冠扁平
針葉密實
松疑是
僧人參禪趺坐處
黃山松
美化仙化
黃山七十二峰

註：黃山百齡古松數以萬計，名松三十一棵。詩中簡介其中：迎客松、送客松、黑虎松、臥龍松、龍爪松、探海松、連理松、團結松、棋坪松、蒲團松、十棵名松。

石奇

人間有石皆奴僕
天下無山可弟兄

明 余紹祉

其一

奇在無峰不石
峰海石海
在峰頂　峰腰　峰壁
　山麓　山谷　山澗
無所不在

獨立的　簇集的
上下的　橫向的
無樣不有
星羅棋布的十分藝術

奇在無石不奇
奇在象形
大者如石林
小者如盆景
自然偶合人物仙佛
　萬事萬物
如臥佛　老僧　觀音
石榴　仙桃　鰲魚
無可勝數
形似神似的十足情趣

奇在命名
體現歷史掌故
　道德觀念
文王拉車　是禮
關公擋曹　是義
無窮蘊義
寓教於游的深層文化

其二

石得松而靈
有石像筆
石上有松像花
一管生花筆　夢筆生花
有石像鵲
石上有松像梅
喜鵲登梅　相映成趣

石得雲而奇
飛雲彌漫
有仙人移步踏雲踩高蹺
流雲鋪海
有五老人在蕩舟
積雲成海
有巨龜向峰頂游動
鼓蕩神奇　幻出奇境

石得變而巧
有石像雄雞　振翅欲啼
移步換形
　又像五老翁登山
有石像蚰蜒上壁
　上看像姜太公釣魚
　再上看像仙人下轎
一景變二景變多景

靈石奇巧
巧妝黃山巧成
天下第一奇山

註：黃山奇石何止千萬，目前已被命名的約有一二〇多處。是一處龐大無比的天然奇石陳列館，天地間最大的石雕展覽場所。

雲奇

誰信天地間
竟有山頭海

明 潘之恒

其一

似海非海
非海而又似海
是雲也是海
黃山是黃海
黃海是仙海
雲氣來去不定
聚如堆雪
散如蝶飛
奔如輪轉
湧如浪花
昇如練帛飄拂
降如急流下瀉
雲氣一氣吹成夢海
不覺有痕跡
黃山真正奇跡是雲海

其二

雲以山為體
山中雲成海
海中有仙山
山尖小露
似島嶼　似疊石
似凝脂玉盤中有筍脯
滿山滿樹掛滿白絹
似有仙人在掘白玉
在驅龍犁煙

山以雲為衣
雲中仙女衣袂舞霞海
海中有七彩波濤
似花樣綢緞
　蜜樣膏脂
火樣丹霞
似畫樣萬花筒
　夢樣海花紅雨
似濃艷姻脂
　斑爛琉璃
游雲　浮雲　彩雲
瞬息萬變　變又變
不是人間任何油彩
所能繪的彩衣彩帶

註：「黃山自古雲成海」是黃山最突出的奇觀。奇在時間長，規模大，變化奇。古人有詩云：「回頭三折望黃山，客路匆匆山寺間；寄語芙蓉峰太久，相思都在白雲間。」人們再次多次遊黃山，主要是爲了再看黃山雲海。又「霞海」指日出日落時幻狀瑰奇的雲海。

泉奇

五岳若與黃山並
猶欠靈砂一道泉

前人 佚名

老溫泉樓下沙底原貌還在
不浴心已清
蒸雲耶　蟹眼耶　魚眼耶
軒轅帝在此沐浴七日
返老還童
騰雲升天
變赤如流丹
芳洌異常
一僧浴之
壽逾百歲
丹井和藥臼還在
潺湲從古到今

山有多高
水就多高
聖泉峰頂
煙霧熏沸
亙滿山谷
似聞泉水溢香
春酒蒸雲
練光蕩漾空明
黃帝曾在黃山取水煉丹

註：黃山溫泉凡三處。一在後山松谷庵南側，疊嶂峰下，古名「錫泉」，尚未開發。一在紫石峰南麓，古稱「湯谷」、「朱砂泉」、「靈泉」，史料記載曾多次噴湧「赤水」。一在前山聖泉峰頂，古名「聖泉」。《黃山領要錄》：「此泉人不能至，於鄰峰望之，池中熱氣蒸沸。」又虎頭岩附近白雲溪畔有丹井（在一巨石上）和藥臼（有一巨石如臼狀）。相傳黃帝曾在此汲水舂藥煉丹。

雪奇

其一

枝頭晶集錦
嶺上樹披霜
明 何悟深〈霧凇〉

潔白無瑕的結晶體
淡綠色晶亮的光華
霜耶 雪耶
非霜非雪
比霜美比雪奇
黃山霧凇天下奇
峰峰披銀疊疊
白芒閃閃
樹樹掛珠串串
銀花朵朵
石上冰凌成花
珊瑚成叢
奇的美的成神話世界
虛幻夢境
黃山霧凇
奇景中的奇景

其二

眼空銀海三千界
悵望仙山不可攀
明 程珊〈祥符寺雪後望山〉

黃山雪景奇中奇
群峰皆白
更是亭亭玉立
蓮花峰如白蓮綻開
石筍矼如玉樹撐天
天都峰如將軍披銀盔白甲
蒼松倚玉　竟是冰壺
松針懸冰球如晶簇
松枝掛冰柱如鐘乳石
松幹鍍冰殼
矢矯如玉龍
奇石如銀　盡是素顏
叫天門的是白色銀雞
老態龍鍾的千歲白石猴
名符其實的白色石天鵝
極盡煙雲掩映的能事
應是山光嵐氣交錯
六華飛點飛瓊花（註）
冰封虛明如鏡
不知雪浪何處排空而來
洶湧蕩去何處
不知人間復在何處
黃山雪景美中美

註：雪花六角，因用爲雪花別稱。

光奇

團聚俄成光五色
五色化爲千萬億
清　洪力行〈異光行〉

弧狀光暈一串
雲中蕩漾
非日光　非山光
非虹光
光暈五色
有瑞光相
奇光耶　異光耶
仙光耶
所謂浮光掠影耶

數語即曲盡變幻
所謂佛光普照耶
各自現真身
光影稍縱即逝
光影只能偶遇
光映心中光明藏
光映雪中天都峰

註：二〇〇四年農曆正月初一，日出後，余於玉屏樓天都峰方向遠方雲霧屏幕上，幸睹奇光。惟不呈光環及攝身人像。係前人遊記中所云天都奇光耶！

翡翠谷・彩池群

怪石與彩池相依相偎
綠竹與飛水交相輝映

現代　姚家齊

其一

黃帝在山中煉丹
嫘祖和天女們
在谷中相伴

像圓鐘　碧簪　綠珠　玉環的
花樣彩池
是她們留在人間的
梳妝飾品
似匹練　雲綢　綾羅　霓裳的
懸泉飛瀑
是她們絲帶飄舞的
嬉水痕跡

天女當然是美如天仙
天女流連的幽谷池瀑
當然美如仙境

參考資料：黃劍傑《翡翠谷・彩池群紀勝》——神話衆口傳。

其二

遊人來此尋靈秀幽趣
有清澈綠水
　水中圖案繽紛
池壁有游龍飛鳳
　斜流連綴
　銀線串珠
池底有彩石奇異
　水動石變
　石改水色
俠士俠女在此
碧綠如翡翠的竹海上
飛舞論劍
池上蜻蜓點水
池中潛水取劍
池畔浮花飄舞
　花絮劇照
情侶到此
到處都是愛
愛河　愛橋　愛亭
同心鎖　鎖住
此時此刻此情此景的愛意
坐在仿蘇東坡手跡刻的
天下第一大的愛字上
能不能領略
什麼是愛

註：翡翠谷位於黃山東部，仙都峰與羅漢峰之間的一條峽谷，係新闢的獨立景區，又稱「情人谷」，電影「臥虎藏龍」的拍攝地點之一。谷口碧玉溪中巨石上有明·董其昌所題刻「靈秀」。

屯溪勝景

花山謎窟

洞内多謎景
景外別有天

現代・陳錦華

完全是人工開鑿的
古代石文化建築遺跡

石柱　石床　石橋
水池　河道
有的一孔通天
一柱擎天
相依相偎
疊宕迂回
景觀壯觀的窟群

是新安江畔先民采石場嗎
東吳大將賀齊屯兵處嗎
徽商屯鹽處嗎
沒有任何文字記載的石窟

古徽州是風水寶地
石窟是未完成的皇陵嗎
齊雲山就在附近
石窟中眾多石房
是修道者修身修真處嗎

謎團最多
規模最大
品味最高
不是一覽無餘的石窟

還有多少石窟
藏在水底

還有多少石窟
隱在荊叢
謎窟位於神祕的
北緯三十度線上
是天外來客的傑作嗎

註：花山謎窟位於安徽省屯溪市東郊，二〇〇〇年九月對外開放，已探明的有三十六處，可供參觀的有四處。北緯三十度線上有許多舉世震驚的科學之謎，如埃及金字塔和獅身人面之謎、大西洋像島沉沒之謎、百慕達三角洲之謎、雅魯藏布江之謎、四川自貢大批恐龍滅絕之謎等。齊雲山係道教四大聖山之一。

參考資料：黃山市花山謎窟旅遊開發有限公司．《花山謎窟》。

屯溪老街

新安江水碧悠悠
兩岸人家散若舟
幾夜屯溪橋下夢
斷腸春色似揚州
現代　郁達夫〈夜泊屯溪記〉

走進活動著的
清明上河圖
走進前店後坊
　前店後庫
　前店後戶
老滋老味的老街
一家接一家的
齋　苑　閣
軒　樓　堂

古徽商的風華
隨處可見
紋理縝密
扣之有聲的
龍尾歙硯
香味濃郁
萬載存真的
松煙徽墨
堅潔如玉
細薄光潤的
澄心堂紙
尖 圓 齊 健
千毛選一毫的
汪伯立毛筆

到處都是
以磚 以木
以石 以竹
刻的徽州四雕
以潑墨山水畫法
表現好山好水的
新安畫派畫作
走進老街
走進老徽州文化的風彩

萬粹樓博物館

藏精明於深厚
養剛大以和平
抱柱楹聯

珍藏萬千精粹於斯樓
古文物藝術的大成
揉合民居　府第
　豪宅　園林
古徽派建築的精華
聚集所有歙硯精魂和美德
成一方文王魂大硯
中國最大的
一方歙硯
王道和霸道的
完美結合

硯以靜為壽（註一）
硯鑄詩畫魂（註二）
九百硯堂
堂堂硯家
大家風範（註三）

註一：清·西冷八家之一黃易（黃小松）撰。
註二：館長黃仁輝先生撰。
註三：樓位於屯溪老街，中國首家古建築形式的私人博物館，極多經典級古文物。珍藏大小歙硯九佰餘個。其中有一方重一二五〇公斤，中國最大的歙硯，方見塵先生刻。溫潤瑩潔，撫之若膚，紋理有眉紋、水浪、螺紋、角紋、金暈、金星，典型老坑硯石。硯刻的是周文王風範，將文王刻在一方最大、最具霸氣的硯石上，是王道和霸道的完美結合。

戴震記念館

小巷深處訪戴震
風雨瀟瀟仰大師
檻外橫江流日夜
文星璀燦照屯溪

現代 光未然

青樓小瓦　白色粉墻
龍卷山脊　朱添櫺門
舊名　搖碧樓
蓋代大師的故居

大師是乾嘉時代
皖派考據大師
治學不為媚時語
獨尋真知啓後人
坎坷求索的一生
悉心編纂誠堪奬

乾隆御製詩贊

大師是百科全書式的學者
批判宋明理學
開創一代學風
八百年來中國思想史
大師鼎足三立

樓近江水　樓處深巷
江岸翠竹　巷外青山
書桌是大師舊物
讀書著書的雅寓

註：館位於老街立新巷。堂正中懸掛端木題寫「蓋代大師」額匾。二樓收藏有戴震用過的一張紅木桌。胡適之先生認爲八百年來中國思想史，以朱熹、王陽明、戴震三人爲代表。

徽州古邑

黟縣小桃源
煙霞百里間
地多靈草木
人尚古衣冠

唐 李白

西遞

遠收黃山白岳仙氣
近取山市蜃樓幻景

船形西遞
桃花源裡人家
東水西流
左賈右儒風流
楹聯何其多

多一橫 少一豎
多一點 少一點（註一）
濃郁芳香
千管文毫爭色

擺設何其雅
東瓶西鏡 中間座鐘
終生平靜 夫復何求

真胡假胡
李姓耶 胡姓耶
亂世有時
只能隱世（註二）

作退一步想
大夫第石雕題額（註三）
道出 西遞人家
淡泊名利 海闊天空

註一：瑞玉庭楹聯有西遞第一聯美譽。「快樂每從辛苦得，便宜多自吃虧來」。聯文中「辛」字多一橫，「快」字少一豎。多一份辛苦，少一份休閑。「虧」字多一點，「多」字少一點，多吃一點虧，少佔一點便宜。

註二：《胡氏宗譜》載：「西川胡族」其先本姓李，唐昭宗李曄之幼子，因避朱溫之亂，由近侍郎胡三護帶至婺源考水，後改姓爲胡，取名昌翼。後於五代後唐，考中明經科進士，稱「明經胡」。北宋皇佑年間（一〇四七）明經胡之五世孫胡仕良，被西遞山形水勢吸引，舉家遷此。

註三：大夫第係曾於道光年間任開封知府之胡文照所建，其閣樓門洞上方嵌有此格言石雕。

南屏

同姓圍繞家祠建宅
家祠又圍繞支祠而建
支祠再圍繞宗祠而建

不到二佰米的
一條軸線上
八座大小祠堂
古祠堂建築博物館

七十二條深巷
頭咬尾　腰銜背
拐彎抹角似迷宮
縱橫交錯似蛛網

三十六眼水井
四口三元井

甘甜醴泉
不遜宏村的
牛形水利系統

古居成片
古韻飄逸
古意可以賦新意
徽派風情
古滋古味

導演一到這裏
　一見鍾情
菊豆　風月　臥虎藏龍
都在這裏拍
中國影視村

武陵溪　似玉色飄帶
淋瀝山　似玉屏高聳

貞志不休
安道苦節（註一）
南山古風
淵明先生後裔在這裏（註二）

白雲芳草
流水菊花
大好山水
桃花源記素材在這裏

註一：陶淵明祖傳家訓。

註二：元初戰亂，陶淵明後代三十五世祖陶庚四，按照〈桃花源記〉描寫的意境和陶氏家族流下的傳說，輾轉來到南屏村淋瀝山下武陵溪畔定居。後又遷至赤嶺柏墩（現黟縣西武鄉）。一九九二年大陸中央人民廣播電台披露，在安徽黟縣赤嶺村發現了陶淵明後裔及陶氏宗譜。

宏村

牛腸水作青蘿帶
雷崗山爲碧玉簪
祠堂楹聯

山為牛頭　樹為牛角
橋為牛腳　屋為牛身

圳為牛腸　環繞牛身
家家門巷有清渠

沼為牛胃
胃液水波不興
水映天光

湖為牛肚　一湖秀水
因水而活的村落

開創仿生學先河的
牛形風水村落
湖光山色
雲氣繚繞的村落
潑墨山水古畫裡的村落

村裡有精雕細琢的
民間故宮（註一）
豪商為享福
建造的豪宅

身在福中
可知　福向儉中來

村外湖畔有書院（註二）
有白果和樟木香味的書院
當年萬樹深處講堂開
水流花放　文章宏麗

現在迎風飲湖綠
一樣一絲漣漪
文境依然活潑

註一：清末大鹽商汪定貴所建的承志堂，是黟縣現存古民居中，規模、結構、設施、雕刻藝術等的代表。

註二：古黟塾學興盛，「十戶之村，無廢誦讀」。明末宏村人在南湖畔建立六所私塾，稱「依湖六院」，清嘉慶十五年合併爲「南湖書院」，爲黃山市保存最爲完整的宗族學校。

盧村木雕樓

臨水成舍　流水轉橋
七家木雕樓群
藏匿鄉野的帝王氣象
顯赫徽商的精神祭壇

混雕　線雕
隱雕　剔雕　透雕
無處不雕　無題不用
無藝不精　無技不巧
不到志誠堂
不懂什麼叫木雕

註：樓距宏村一公里，盧氏三十三世祖盧幫燮於清道光年間建。其中的志誠堂被譽爲「木雕藝術的民間殿堂」、「徽州木雕第一樓」。村口二座石橋，河道轉折處互爲垂直，設置奇妙。

江灣

八頁宰相之家皆爲太子後代
一部文選而外盡是廟貌鍾英
水口亭 八角亭楹聯

山高水灣 山水一體
昔日白帆片片 到江灣

名相世家
昭明太子後裔居於此

名宦 名醫 名教育家
名學者 名畫家
名家輩出 名震朝野

皖派經學 樸學研究始於此
婺源書鄉代表地
徽州文化古村

追源溯本 莫重於祠
無祠則無宗
無宗則無祖
新建的蕭江祠堂
三進二院 高挑巍峨
永遠思念先人

祠堂背倚後龍山
山中古松奮髯如龍鬚

註：江灣是古代婺源縣到徽州府水運終點。江灣江氏原本姓蕭。唐朝蕭瑀等八人相繼爲相，史稱「八頁宰相」，世家之盛，古未有也。唐末僖宗宰相蕭遘因「朱溫篡唐」蒙難，其子蕭禎隱居歙縣篁墩。「指江易姓」，江禎爲蕭江一世祖，八世祖江敵於北宋元豐年間始遷江灣。江灣江氏群賢輩出，村人著述多達八十八種，任七品以上仕宦者有二十五人。

曉起

古樹高低屋
斜陽遠近山
林梢煙似帶
樹外水如環

現代　佚名

兩座古色古香的村莊
中間一座古雅的曉和亭
一灣清溪繞兩村
一條青石古驛道連兩村
像挑起兩隻古樣的花籃
像走進兩座古趣的庭院
一棵棵　長青的千年古樟
村民崇樟　敬樟
預示著村莊的興旺
一座　樟樹大神廟
村民見証
天意憐此　萬古綠意
古樹染出
古村特有的綠意

曉起看樹
看村民和自然
和諧相處
看生態綠林
民俗古文化
古裝束　第一村

註：《汪氏宗譜》云：唐貞元三年（七八七）汪萬武始居，以逃亂至此，天剛破曉啓明而取名「曉起」。後洪姓亦在小溪上游一公里建村，亦稱曉起。上曉起多爲官宅，下曉起多爲商家。

李坑

青山不墨千秋畫
綠水無弦萬古琴
民宅楹聯

小橋數十座
石橋　木橋　磚橋
出門即上橋
橋頭即人家

流水九曲十彎
竹筏門前過
水中天光雲影
人家依水依山

人家粉牆黛瓦
馬頭墻五岳朝天

看似尋常人家
民俗文物看不盡

小橋　流水　人家
環山帶水　見仁見智
山村無塵埃
山村翰墨香

李知誠狀元府
院外　蕉泉
傳說飲之　孔武有力
院內　千年紫薇
半年花常開

註：李坑是一個以李姓聚居爲主的古村落。婺源方言，小溪、小河稱坑。李坑自古文風鼎盛，人才輩出。有宋至清，仕官富賈達百人，村裡文人留下的傳世著作達二十九部。

九華山古刹

誰家寫在屏風上
崖上松間盡是僧
唐　殷文圭〈樓上看九華〉

化城寺

華崿峰前香雲縹渺
化城寺裡花雨繽紛
：山門楹聯

四周環山如城
群寺左右分列
佛祖點化成城（註一）

唐代的石獅

明代的藏經樓
清代的藻井

金喬覺坐鎮
二千年的道場
坐看蓮花開九十九枝
花散西天

真佛只說家常
願佛手垂下
摸得人心一樣平

鐘聲似我心空（註二）
禪意隨人意暖

願偃月池水（註三）
如大悲水　饒益眾生（註四）
結為智慧花果

註一：《法華經》云：佛祖釋迦牟尼一次與弟子下山佈道，途中弟子飢渴難忍，不願繼續前行，佛祖當即用手一指，點化出一座城來，說：前面就是城廓，汝等可去化齋。「化城」之典出此。化城寺是九華山最早的寺廟，以佛祖點化之名爲寺名。

註二：「化城晚鐘」係九華山古十景之一。

註三：「偃月池」在寺前，傳爲金喬覺地藏大師率弟子挖掘以資灌溉，現演變爲放生池。

註四：《華嚴經》：「一切衆生而爲樹根，諸佛菩薩而爲花果。以大悲水饒益衆生，則能成就諸佛菩薩智慧花果。」

祇園禪寺

地拔高峻生仙廓
雲鋪靈秀作祇園
　　祇園禪寺楹聯

宮殿式建築
黃金鋪地
三尊大佛
敷金燦爛
林森題額
于右任書匾
入此莊嚴境
不退菩薩為伴侶
在此三寶地

妄想盡時佛自現
百餘間禪房
目不暇接
叢林舊制已恢復
五百羅漢期
再會有期

註：「祇園」梵文意譯爲「祇樹給孤獨園」，佛祖說法處。

祇園寺寺門前鋪一浮雕蓮花甬道，全以長方形條石砌成，每塊條石上有兩個古錢幣圖案，給人以踏上傳說中黃金鋪地的祇園的感受。

一九八五年祇園寺恢復「叢林」舊制。「叢林」是形容僧徒衆多如叢聚的林木一樣。

祇園寺原屬禪宗中臨濟一宗，後轉入曹洞一支，係子孫叢林，其方丈可聘各派高僧擔任。

一九三二年寺開「五百羅漢期」授戒法會，僧伽雲集。

一九八六年祇園寺仁德方丈升座及三尊大佛像開光大會，持戒八百弟子，允爲九華山五十餘年來的盛事。

護國月身寶殿

風撼塔鈴天半語
眾人都向夢中聞
元　陳岩〈地藏塔〉

相傳塔基曾出現
圓光如火
相傳肉身
　顏色如生
　兜羅手軟
　骨節有聲
　如撼金鎖
真身雖不為
世人所見
世人所許心願
卻皆願得實現
重誓願　行願無盡
誓渡世人離苦趣
願放慈光照世人
閻羅身旁覓蓮花
戒慎誠意
登上殿前八十四級石階（註）

註：殿前石梯，凡八十四級，相傳佛家有「九九八十一難之說。」出家人修行，如能渡過八十一難，方能成正果。金地藏基塔前的石階比「九九八十一」還多了三級，以顯金地藏大願之誠，也表示信眾對金地藏的崇敬之心。

東崖禪寺

東岩晏坐忘春秋
擬與陽明共一丘

清　趙國麟〈東岩詠〉

崖上一巨石岩橫陳
一片飛來的黑雲
一艘煙波中的巨舫
金喬覺　岩上晏坐靜修
王陽明　岩上打坐入靜
金地藏　棲身岩下堆雲洞
陽明先生坐久
不知何處是吾家（註一）
好山都上心頭

觀音　飄然而來（註二）
何必執意
好尋靈跡
佛法但平常
莫作奇特想
好聽幽冥鐘聲（註三）
一杵敲出一句偈

註一：明・王守仁〈岩頭晏坐漫成〉

註二：東崖禪寺北行不遠處有「飛來觀音寺」古廟。殿內摩崖浮雕觀音像，身軀高大，神態安祥，襟帶飄動，栩栩如生，大有飄飄然乘風而來之勢，有「飛來觀音之稱」。

註三：寺旁有同治年間建的六角形「幽冥鐘亭」，內懸三噸重古鐘，相傳地藏菩薩曾敲過此鐘。

百歲宮

百煉見道果
歲久現佛身
大雄寶殿楹聯

正門看　只有一層
後門看　卻有五層
依山順勢
一層低於一層
摩空　摘星（註）
愈下愈　空闊幽深
空中有　臥佛
石上有　觀音浮雕

廟裡有　無瑕和尚金身
和尚苦修百年
舌血抄經二十八年
僧骨奇香
香客多久留
後殿寮房　窗外
九大主峰
歷歷在目

註：百歲宮位於摩空嶺上，原名摘星庵。

古拜經台

拜經覓遺跡
奇石孕靈胎

現代　太虛大師〈九華雜詩〉

金地藏　在此
拜誦　華嚴經十六年
不以食而養命
脫離生死　創枯槁禪
絕跡人裡修行
眾生護法
「雄雞」兀立石門　為其報曉
「仙人擊鼓」　為其司晨
兩隻巨大「蠟燭」　為其照明
「金龜」專心聆聽誦經
「大鵬」聽得入神
扒壁感化成石
大足印　清晰可見（註）
大氣磅礴
盡收於胸前足下
台前四望
高天流雲　峰巒融結
一派蓬萊仙境
蓮花佛國氣象

註：古拜經台又稱「大願庵」，庵中的「地藏殿」（古拜經台原址）神龕前地面巨岩上，有傳說中金地藏拜經留下的一雙凹痕大足印，至今清晰可見。又「」中係古拜經台四周周圍的奇峰奇石，奇景天成，各呈異彩，且各有神奇的傳說。

天台寺

高哉九華與天接
我來目爽心胸擴
青龍背摩崖石刻

金地藏　在寺後古洞
禪居六年
古跡昭然

知府在寺南　捧日台
建捧日亭（註）

亭中雙手捧日
摘星攬月

霧波自脚底生來
雲霞直到掌心浮

十王峰迎面而來
十王朝地藏

九十九峰俯視
兒孫繞膝

九十九峰之奇
皆天台之奇

天台寺　是中天世界
已非人間

通往　上天世界
必經之處

註：清・池州知府李璋於乾隆三年（一七三八）建造，並作〈捧日亭贊〉記勝。「天台曉日」譽爲九華古十景之一。

峨眉山古剎

普賢道場不二地
峨眉震旦第一山
現代 王守義

報國寺

佛法終無邊
天心出自然
萬方剛多難
道力起重淵
現代・吳敬恒〈報國寺題〉

視我皮囊
俗塵貯一囊
到此願聽
聖積晚鐘聲
空現在心
鑒証滄桑

原名 會宗堂
普賢 廣成子 楚狂
同登一堂
立木主 不以塑像
亦深合乎道

佛不見身知是佛
若實有知必無佛（註一）
佛也解庶民情
禪林曾駐旆旌
道場曾成黌舍（註二）

傳燈報國心
隨份結一般
香火機緣
名山起點
勝遊從此起

註一：拘那舍牟尼佛偈。
註二：民國乙亥（一九三五）年 蔣公在峨眉山辦軍官訓練團。乙卯（一九三九）年四川大學遷峨眉山，校本部亦設於寺內。

伏虎寺

虎影空中滅
花光象外稠
明 張子仁〈伏虎寺〉

行僧此地曾伏虎
伏虎生風
一寺 離垢
性海 清淨（註一）
僧眾寺周 布金林（註二）
大藏經字數為準
密林藏伏虎
銅塔熔鑄華嚴經
佛像四仟七佰尊（註三）

佛祖說法
法本法無法
無法法亦法（註四）

五百羅漢 不入涅槃
常住人間
普示無邊圓覺
為衆生作福田（註五）

結合此地
為入山之初地（註六）
漸入山林
脫離塵垢

註一：伏虎寺山環林障，氣流回旋，殿堂屋頂上，從不積枯枝敗葉，康熙帝特題贈「離垢園」橫匾。又「性海」係佛家稱人的性地意識。

註二：十六世紀中葉，寺僧寂玩率徒衆以《大乘經》字數爲準，一字一株，於寺周廣植楨楠、杉柏一九五〇四八株，枝柯交茂，綠雲蔽日，有「密林藏伏虎」之稱。林中有一坊名「布金林」，布金有二意：一見《阿彌陀經》：「彼佛國土，黃金爲地。」二是引自佛經故事中祇陀太子與居士給孤獨共建祇園精舍事。

註三：大雄寶殿左有「華嚴寶塔寺」，亭中立華嚴寶塔一座，高五點八米，七面十四層。塔身鑄有《華嚴經》文和佛像四仟七百尊，象徵佛祖在世，曾說法七處九會，集僧侶之數。

註四：釋迦牟尼佛四十九歲時在鹿野苑喝偈。

註五：「華嚴寶塔寺」後是重建的「五百羅漢堂」。又「圓覺」屬「羅漢」一乘，謂圓滿之靈覺。

註六：「離垢」爲「十地」菩薩中的「初地」。

蘿峰庵

一塵不染三千界
萬法皆空十二因
山門楹聯

太史　庵中曾結廬
發願編修山志作功德
功德圓滿
秀岩真勝
盡在山志中

太史　常以夢身是僧自許
峨眉最多緣

日照古松
晴雲舒卷
緣起山林
向個中參透

註：太史蔣超，清・順治年間探花，入翰林二十餘載，終於史官。蔣超記其前世爲峨眉山僧人。清・蒲松齡將他搜入《聊齋志異》第八卷中。公元一六七二年，蔣太史曾居庵中，嘔心瀝血寫成二十二卷十二萬字的《峨眉山志》。

白龍寺

老樹參天蔭萬壑
紅日落照染千峰

現代　郭清

當年　手到春生
法華經字數為準（註一）
現今　林海宛如竹叢
林裡　片片綠雲
　　　漫掃霧藹
林外　簇簇峰影
　　　映照日影
林下　黑白二水
　　　長流不斷
領略些
禪門清籟自在意
殿上菩薩像
明菩薩身現金剛相
不見白娘子塑像（註二）
貞情娘子
風流自有佳話

註一：明·嘉靖四十五年（一五六六）山僧別傳在洞前建寺，第二年春初率領徒衆以《法華經》字數爲準，廣植禎楠杉柏，縱橫數里，共植六九七七七株。爲山增秀，爲人造福，人們爲他立碑刻銘，並在林外建立一坊，橫額「古功德林」。又林中以細葉楠居多，楠葉與竹葉相似。

註二：白龍洞（寺）原有上下兩洞，上洞早已坍塞，相傳爲《白蛇傳》中白素貞修煉處。

清音閣

試立雙橋一傾耳
分明兩水洗牛心

清　譚鍾岳〈雙橋清音〉

閣呈一字舒展
樓　亭　台　橋
一體山水中
不見山門
山色清淨了一身
沒有院墻
二水瀠回
出閣左右
二水分黑白
黑水如黛　白水如乳

兩翼有橋
「雙飛兩虹影」
二水匯合　上有雙飛亭
黃帝曾在此　謁三皇真人
寺僧曾在此　迎御賜經卷
橋下有石如蓮蕾
砥柱中流
水擊牛心
急流如花雨噴雪
「彷彿神仙下撫琴」
「中有玉龍相對飛」
「二水中分流不盡」
「十方妙諦點牛心」

「山水有清音」

「洗淨心弦」

常聽常新

註：「」中之詩、詞、楹聯，依序分別引自：清・劉光第〈牛心亭〉、清・譚鍾岳〈峨眉十景詩——雙橋清音〉、宋、范成大〈雙橋〉、現代・何郝炬〈浪淘沙——峨眉山清音閣〉、晉・左思〈招隱詩〉。又「十方」係佛家語，指四面八方，天地上下，即廣大空間。「妙諦」亦佛家語，就是一切最美好、最眞實的語言、思維和現象，這裡引伸作美妙的音樂。「十方妙諦點牛心」爲清音閣舊有楹聯句下聯，作者佚名。

萬年寺

妙相莊嚴　花雨曼陀紛結彩

峨眉聳翠　香焚寶篆靄慈雲

山門楹聯

普賢菩薩

端嚴示坐六牙象

智慧化生七寶蓮

重重願海浩無邊

白水澄空界（註）

池塘青草不染塵

琴蛙琴聲清越

圓融無礙　一切有情

萬年法輪常轉

註：寺位於白龍江畔，古稱白水寺。「空界」指佛門。

金頂華嚴寺

百城煙水此登臨
人境交參入畫中
無盡華藏人不隔
眼前聲色自重重

現代 賈題韜

殿頂曾滲真金
巍峨晃漾
光耀天地

華藏的莊嚴
萬德的莊嚴
願海的莊嚴
普賢行願的瑞相
誰能將眼孔放開

看得穿大千世界
誰說佛光不易見
想見佛光要誠心

到此可問青天幾重
懶知幾重
但見普賢大士妙相

到此要腳跟立定
願修功德
莊嚴事業

峨眉天下秀
萬佛頂遠眺華藏寺
雲海團空中的
蓬萊琳宮
秀中之秀

臥雲庵

天著霞衣迎日出
峰騰雲海作舟浮

現代　趙樸初

雲在庵下騰湧
庵在雲上橫臥
屋頂錫瓦
日光下　銀光四溢
目遠四空
都被白雲封
梵唱出雲根
雲作銀色界
三千大千世界
銀色界最圓滿
銀色世界無界別
雲聚雲散
無邊色相久成空（註一）
隨緣所成
玉佛殿中
寶氣白毫光（註二）

註一：「色相」指一切事物的形狀外貌。佛教認爲世間萬事萬物的現象都有各自的因和緣，事物本身並不具有任何常在不變的個體，也非獨立存在的實體，故稱之爲空。

註二：庵有觀音、玉佛二殿。玉佛殿中有玉佛一尊，高一點二米，爲緬甸南坎佛教參拜團贈。「白毫光」指佛祖眉宇間放出的光芒，其光如玉，皓被十方。

雷洞坪

兩山竹木晴日照
我亦閑游神不驚
宋　范成大〈雷神殿〉

崖上　樹綠陽濃
崖下　雲遮霧繞
不知七十二洞在何處
鐵鑄彌勒佛像
古樸造型
一樣靈覺
佛門清靜
不應喧嘩
試向亭中閑坐
那管　雷神　真龍
神人依佛住
何必呼風喚雨
但得身閑
閑遊便是福

註：古名雷神殿，明．萬曆年間清月大師重建，康熙帝賜書「靈覺」。同治年間圓覺和尚增建，後圮，一九九二年原址復建。一樓正中供彌勒佛像。寺外曾鑄有十尊鐵像，立有禁聲鐵碑。此處海拔高、多懸崖，冷暖氣流一般在岩石下成飽和狀態，高聲喧嘩的震動可引發雷雨，有如「呼風喚雨」。

洗象池

仙人騎象杳何之
勝跡空餘洗象池
一月映池池貯月
月明池靜寄幽思

清　譚鍾岳〈象池夜月〉

高崗雲霧　襯托月光
月光映入一泓清泉中
西落東昇
均能得見
澄潔清澈的
月光水光中
香象池邊洗月來（註一）
隱士月夜　舞劍長嘯
長嘯叩青霄
劍光照寒林
岩谷靈光（註二）
映禪心一片清明

靈猴出沒　已有千年
善解人意　與人相親
走進寺中　聽僧念經
猴居士　猴嘯月明
共賞　象池夜月

註一：清・黃雲鵠詩中句。傳說當年普賢大士騎象登山，曾在池中汲水洗象。

註二：池下有一天然洞穴，傳說三國時曾醉戲曹操的左慈隱居在此。每當月明之夜揮舞寶劍長嘯抒懷。他將象池夜月稱爲精靈之光，用劍在洞口刻「岩谷靈光」四字，至今清晰可見。

仙峰寺

問九老何處飛來
一片碧雲天影靜
悟三乘遙空望去
四山明月此間多

清 劉咸榮

仙圭石旁　珙桐成林
雙瓣如合掌
對開若破瓜（註一）
花形似飛鴿展翅
僧家說是　象耳花
林下　普賢線　普賢茶
一草一木
南無普賢菩薩
仙府九老洞
大小六十七個岔洞

洞口　蜂飛蝶舞
洞內　鳥鳴不絕
洞下　雲滿大壑
九老餐煙霞
消遙洞中
趙公元帥富在古洞
深居有香火（註二）
仙皇台亭上
景對秀峰
彩錯疑畫出（註三）
黃帝在此遇天皇真人
亭上迎佛頂（註四）
佛道圓融
仙佛一體共處
寺號仙峰

寺門遙對　遇仙寺
岩　石　台　洞
都沾仙字
一切都仙化

山色常在有無中
靜如太古

閒雲入戶　宿霧共枕
寺中小住便是仙

註一：現代・錢錫元詩句。

註二：隋代開皇年間眉州太守趙仲明，因治理岷江、青衣江、大渡河水患，造福一方，百姓擁戴他為川主之神，仙居洞中，塑像供奉。不知何年何月起，把他說成是《封神榜》中的財神爺，即民間傳說的「趙公元帥」修煉處。洞中現有財神殿，香火不乏。

註三：唐・李白〈登峨眉山〉詩中句。

註四：亭上可遙望峨眉三大主峰——千佛頂、金頂、萬佛頂。

洪椿坪

不滅不生　洪椿難老
無人無我　千佛同心

佚名

其一

勝跡椿不老
曉雨濕苔斑

清　何魯〈洪椿坪〉

椿壽八千（註一）
生意何曾盡
老樹護寺
不知春秋
低頭聞佛法

古木福林
長湧吉祥雲
林下求寂靜
語言送斷
心行處滅
物我雙忘
才能　忘塵慮（註二）
森嚴萬象
破空才能　觀自在
記得　盂蘭盆會（註三）
林森園　傳諸世
曉雨實非雨
是細霧　是冷露
霏霏淅淅　縷縷瀼瀼
林嵐下墜濛濛

沛然浮遊空中
視之不見　捫之不得
空翠濕人衣（註四）
了無痕跡
幽秀寺畫難畫成
雲飛搖青去
紅霞映樹成錦衣

註一：寺外有大椿三株。一株一百多年前因山岩崩塌，墜入深淵；一株傲立寺門左側，二百多年前因遭火災而乾枯，但依然挺拔不倒，也不腐朽；現存一株，一樹粉綠，枝繁葉茂，位於寺門外，左下坡密林中。鑑定已有千歲樹齡。《莊子·逍遙遊》：「上古有大椿者，以八千歲爲春，八千歲爲秋，此大年也」。古人視爲神樹，用「椿齡」作爲祝壽之辭。

註二：清・康熙題贈寺中橫額語。

註三：觀音殿左側有「林森園」（原稱林森小院），一九三九年七月林森主席曾寓居於此兩月餘。同年八月上旬林主席約集全川三十二高僧名僧在此舉行為時七天的「盂蘭盆會」，超渡抗日陣亡將士及死難同胞。從此，這一小院，便具有一定的歷史意義。

註四：唐・王維詩句。

其二

老僧如古木
苔色古人形

清　趙熙〈洪椿坪僧〉

寺多楹聯
禪談機鋒健
棒喝禪風
痛快峻烈（註一）

從心眼處體會
心包太虛
量周世界

一粒米中藏世界
半邊鍋肉煮乾坤（註二）

眾生求財　求壽
求平安外
何妨真顏待物
大肚為懷待人（註三）

寺多僧家奇行
佛門奇談

繡頭和尚
髮繡成螺髻　恒蟣虱（註四）

德心住持
錫杖叩岩竟來泉
得心引泉水
引來天池水（註五）
白犬含書　青猿洗鉢
野鳥念佛　修蛇應齋（註六）
精神到處
何嘗障礙神通

註一：峨眉山佛教徒多屬臨濟宗（禪宗中的南宗五派之一），其禪風痛快峻烈，以「棒喝」著稱，寺中楹聯多具有此派風格。

「機鋒」指禪師指導後學，只有相互「契機」者，才能悟其旨，謂之「心心相印」。

註二：齋堂前懸聯。

註三：寺內左側走廊有懸聯曰：「處己何妨眞面目，待人總要大肚皮」。

註四：《峨眉山志》：「繡頭和尚不知何處人，亦不言其名。惟髮繡成螺髻，無蟲爬搔，人咸以繡頭和尚稱之。結茅於洪椿坪山後『菁林』中。」和尚日則種蔬爲食，夜則念佛。經行數十里，直達山頂，黎明便還，習以爲常，住山四十餘年。

註五：明．崇禎時，寺中恒住千僧，苦於缺水。德心禪師用錫杖開渠掘泉，引寺後天池峰上的甘露。今觀音殿前尚存「錫杖泉」一泓，水清如鏡，山影橫斜。

註六：引自清．馮慶樾「雙百字長聯」（全山第一長聯。）相傳天竺寶掌和尚最初來此結草爲庵。寶掌和尚與白雲禪師爲情義道友，雖同在峨眉山中，然相距甚遠，每有論議心得而書之，令白犬傳遞，飯後則有猴子爲之洗鉢。

又寺外林中，靜夜常聞鳥聲諧音佛號，阿彌——陀佛。至今尚然。

中峰寺

山中緣法如今熟
世上功名自古痴

南宋　范成大

黃庭堅　習靜其中
范成大詩文
咏贊其景
十七峰　回環其後
楠柏萬株
深隱寺宇
楚狂伉儷
寺前歌鳳台
閑聽山潮聲響
峨眉山月長照避世心

佛門弟子　相捐空色
誠心願學作上人
智　行　悲　願
念斷根塵翻貝葉

註：公元十一世紀末，北宋詩人黃庭堅貶任戎州（今四川宜賓市）別駕，曾寓居寺中，常踱步「鳳嘴石」前。此石相傳，春秋時楚國名士陸通（亦名輿）攜妻避世結廬耕讀其間。黃氏題名「歌鳳石」。明·詩人周光鎬書刻「歌鳳台」三字於石上。至今猶存。

范成大，南宋四大詩人之一，號石湖居士。《峨眉山志》載，寺曾：「丹殿碧寮，踞地百畝，林園花卉，冠乎全山。」

寺現爲峨眉山佛學院，院訓：「智行悲願」。

「貝葉」，貝多羅樹之葉，印度人多以之寫經文，此處指佛經。

神水閣

智者昔說法
龍女如飛空

神水閣楹聯

神水何止通楚（註一）
還通阿耨達池
水通楚地三千里
水流佛說智慧海（註二）

將軍四次來寺中
題聯贈寺僧（註三）
只問不答　字裡行間
將軍赤誠宣揚
抗日救國　人人有責

神水玉液從大峨石縫中
潺潺流出

四重殿宇　依山就勢
臨水抱石　自然雅趣

龍吐玉泉出長相
月映聖水遍天下

註一：天台宗創始人智者大師曾入山中，日飲神水，習以爲常。後返湖北玉泉寺，竟至思飲成疾。其弟子龍女，特將泉水引至寺中。

註二：「阿耨達池」位於喜馬拉雅山，潛流地下，是恒河源頭，佛說是「智慧之海」。此處道出中印文化交流源遠流長。

註三：馮玉祥將軍一九四一年三月書字一聯贈寺僧，聯文爲：「試思父母未生汝身體以前，本來面目是怎樣？爲問寇仇正滅我國家之際，列位師父當如何？」「抗日救國・人人有責」的至理，十分巧妙地運用於「衆善奉行・入世渡生。」的佛旨之中。

雷音寺

峨眉雷音震動百里
大明燈燦照耀群山
山門楹聯

解脱坡上　綠苔茵茵
解脱橋下　山泉涓涓
綠苔可入畫
山泉仙人飲
巧構虛腳吊樓
四合院式廟宇
入山於此　解脱塵凡
出山於此　解脱險阻

入山出山都到此
到此名利心
一回一解脱（註一）

佛音説法　聲如雷震
空中流活活
萬籟應聲響

觀音千手伸展法輪轉（註二）
尋聲施甘露

註一：明・胡世安〈解脱坡〉詩中句。

註二：原名觀音堂，清初名解脱庵，光緒年間改建，更今名。「解脱」佛家語，擺脱世俗思想的束縛和愁煩。寺中新建觀音殿，供白楊木雕千手千眼觀音像，高四點八米，胸前雙手合十，其餘千手並伸，呈法輪狀，別具風格。

樂山勝跡

烏尤寺

寺門高開洞庭野
蒼崖半入雲濤堆
山門楹聯

其一

一螺孤秀
綠影一堆漂不去（註一）
江風山風送清香
滿庭芳氣非人間

風景這邊獨好
內景秀美　景星慶雲（註二）
中流砥柱　大字石刻（註三）
字如其人　正直諫官
天風吹下江風接
豪情獨立江心

江雲入袈裟
波光照耀藏經樓
方丈院裡　別有洞天
洞額藤花　沿崖下垂
玉串懸掛
天雨寶花一壇
好顯禪機

註一：清・張問陶〈烏尤〉詩中句

註二：烏尤山頂有景雲亭，又稱獨好亭。亭上遠眺三峨，俯視大江，嘉州風光，盡收眼底。

註三：明代「嘉定四諫」之一的彭汝實所書。

其二

曾有面然古像（註一）
憤怒身相　也是妙相
也是普陀洛伽山（註二）
觀音水月道場
曾是漢犍為舍人注爾雅處
正名辨物　箋注立言（註三）
台上留客聽江聲
江風萬古吹
山高水深樹濃綠
花草泛天香
如此江山　天開圖畫
七重佛樓　如此曠奧
能不心曠神怡

註一：「烏尤」梵語，漢譯「面然」，是密宗瑜伽部主尊之一。唐時寺中曾有銅鑄烏尤大士像一尊，高約二米，造形古樸，眼深鼻高，有印度造像風格。《樂山縣志》卷十六云：「嘉州烏尤山，釋氏相傳觀音菩薩至此，見兩河沙岸，鬼魅啾啾，乃化爲鬼王。世云，大士七十二化，至此自視其像，大皺魋陋，遂不再化」。「烏尤」之名，即本於此。

註二：烏尤山四面環水，猶如浙江普陀山。

註三：《爾雅》，我國最早解釋詞義的專書。由漢初學者綴輯前代諸書舊文，遞相增益而成。漢代犍爲郭舍人曾在烏尤山注釋《爾雅》，「爾雅台」即緣此命名。台故址今改建爲曠怡亭。

凌雲山

天下山水之觀在蜀
蜀之勝曰嘉州
州之勝曰凌雲
南宋 邵博

東坡先生載酒常遊處
近看 三江激流
煙波浩蕩
水自天來
遠看 峨眉三峰
修眉橫羽
綠意連天
兜率宮中（註一）
彌陀佛 笑口常開
皆大歡喜
知足 喜足
妙足 上足
流泉雨花
片雨成龍湫
唐時靈寶塔
塔身通體如玉
玉沉碧流 標立雲漢
宋時治易洞
明時注易洞
讀周易在天理上見人事
草 行 真 隸 篆
意趣魏碑晉帖間
書體書就
凝聚漢字精魂
碑林翰墨 手跡題刻
絕妙 詩書畫（註二）

如入金谷　諸華爭麗
芙蓉九削　錦煉三文（註三）
山中文物古跡
目不暇接
乾坤到此最勝景
岑嘉州詩集中景物（註四）
猶然在目

註一：古凌雲拜佛道「龍湫」上行，有明代開鑿的兜率宮，內有彌勒佛一尊，高約二米。「兜率」梵語，意釋「知足」、「喜足」等，是佛教所說的欲界六天中的第四天，彌勒佛住處。

註二：兌悅、祝融兩峰間有「凌雲碑林」，陳列古今名人書法碑刻二佰多通，不乏珍品。

註三：明・袁子讓贊凌雲形勝語。

註四：唐・岑參大歷二年（七六七）任嘉州刺史，著有《岑嘉州詩集》八卷。多贊咏凌雲風物。

凌雲寺

寺新建藏經樓
樓珍藏砂磧藏經
樓下海師堂
大佛寶刹
維賴此高僧
維海師之烈兮
將與天地而長留（註一）
樓右上　東坡先生讀書樓
問先生　當年所讀何書
千載讀書人幾個（註二）
樓前先生當年洗硯池
池中睡蓮有異香

註一：清・顧晴沙〈海師洞記〉結尾句。

註二：清・何紹基「東坡樓」楹聯。

彌勒大佛

山是一尊佛
佛是一座山
帶領群山來
挺立大江邊

現代 戈壁舟〈樂山大佛岩〉

佛頭與山齊
干青雲而直上（註一）
佛足踏大江
障百川以東之（註二）
像是從天上降下來的
像是從水裡湧出來的
佛以慈愛眾生的力量
攻奪了天險激流
僧以忘我的專誠一意
做到了移山轉日
大佛 極天下佛像之大
高僧 濟世利民
極功德圓滿之最

註一：大佛寺山門楹聯。
註二：同註一。

天然臥佛

佛即山兮山即佛
魁非衆也衆非魁
天然一幅難描畫
展向嘉州識聖台

清 了慧

佛一坐一臥
佛中有佛
佛在心中坐（註一）
心即是佛　佛即是心
真如其來
佛影入江流
非空非有　隨感輒應
八風　佛前停息
愛河　佛前平靜（註二）
佛山曇雲降法雨
滋潤海棠香國（註三）

註一：臥佛横枕青衣江畔，長四千餘公尺。烏尤山是佛頭、凌雲山是佛身、龜城山是佛足。彌勒大佛處於心臟位置。

註二：「八風」佛家語。又名八法，爲世間之所愛憎，能煽動人心。八風者，利、衰、毀、譽、稱、譏、苦、樂。「愛河」佛家語。愛欲溺人，譬之爲河。

註三：樂山古稱嘉州，昔日盛產色香並勝的海棠花，別稱「海棠香國」。今日海棠爲樂山市市花。市中遍植，花開似錦。

眉山三蘇祠

北宋高文名父子
南州勝跡古祠堂

現代　向桂

饗殿——大殿

蘇里千秋翰墨香
流傳青史永弘揚

現代　譚隆記〈慕三蘇〉

萃父子兄弟於一堂
塑像沒有官服官帽
正是三蘇本色
忠義文章萃一門
文豪兩代一門中

前無古　後無今
善養浩然之氣
合乎儒家之道
正氣才氣　縱橫天下
相與無與　自然而然
父如此　子如此

九十四年十二月中國詩歌藝術學會《詩藝拾穗》。

啓賢堂

門前萬竿竹
堂上四庫書
啓賢堂楹聯
集東坡詩句

程夫人勉夫教子的地方
孟母　程母　岳母
三蘇成長成才的地方
亦父亦師亦友
家學相承　文獻一家
堂中豈有等閑書
文章有杜甫的精髓
氣節有陶潛的特質

堂前古井
千年不枯竭
孕育三蘇一家
聚集一堂
井上古老黃荊
不知歷年多久
樹椿猶存
枯處又萌新枝

九十四年十二月中國詩歌藝術學會《詩藝拾穗》。

木假山堂

書窗正對雲洞啓
叢菊初傍幽篁栽
木假山堂抱柱聯

木形似山　三峰宛俱（註一）
其理似不偶然
中峰　魁岸踞肆
二峰　莊栗刻峭
峰峰　凜乎不可犯
　岌然無阿附意
木假山　開文筆峰
三蘇父子　文風鼎峙
堂對書房
除卻讀書無所好

詩成樺燭飄金燼
天雨曼陁照玉盤（註二）
遨遊書海
彩筆掀起
萬頃波瀾

註一：「木假山」，烏木堆構的假山。供觀賞，並賦予象徵意義。蘇宅舊有之木假山，蘇洵曾寫〈木假山記〉一文記之。現有之「木假山」爲清·道光年間李夢蓮購置。

註二：來鳳軒楹聯。「樺燭」，用樺木皮卷腊而成的燭。「金」，指燭花。「玉盤」，明亮的圓月。此聯贊美蘇軾詩作已達到最高的藝術境界。

披風榭

古木種何年
祠畔風來香柏葉
先生呼不起
池頭月上白蓮花

清　陳鐘祥

三面檻杆
兩面臨水
正面當風
風送古木影
一天雲水
居士風彩
眼前盤陀像
面如滿月

眉宇崢嶸
文士服　東坡帽
非世所羈
猶凝視披風榭
遙想當年
豈在意　朝中排擠
游宦情懷清澹
揚不清　沉不濁
風雨共名山

註：披風榭前有東坡盤陀雕塑像，是根據東坡先生好友北宋李伯時（號龍眠）所繪東坡盤陀像之意而雕塑的，榭前坡仙，實爲眞容。
九十四年十二月中國詩歌藝術學會《詩藝拾穗》。

百坡亭

眉山勝景千載秀
東坡華章萬古新
亭柱對聯

水廊橋亭
水光接天
泛潁詩意在(註一)
風行水上渙
此天下之至文也(註二)
行雲流水　初無定質
總出新意
從心所欲
行於所當行
止於不可不止

洗硯池　池水成墨色(註三)
天道勉勵勤奮
東坡先生故事這邊多
幾人染得墨香回

註一：亭呈六角形，根據東坡〈泛潁〉：「畫船俯明月，笑問汝爲誰。忽然生鱗甲，化爲百東坡。」命名。
註二：蘇洵〈仲兄弟文甫說〉文中句。三蘇故居三面環水，對三蘇父子的成長影響深遠。
註三：亭西南端有洗硯池。東坡少年時，常於此池中洗硯，用之既久，池水成墨色，千年以來，常爲人所慕，以爲天道勉勵勤奮之象徵。

瑞蓮亭

眼明小閣浮煙翠
身在荷花水影中

瑞蓮亭楹聯

池上建亭
花開並蒂事（註）
亭畔碑文
龍蛇飛舞青石壁
亭上花影
紅邊白心胭脂色

瑞氣所在
瑞蓮重現
三分水二分竹
十分幽意
水氣孕就文氣
思緒自天然

註：宋嘉祐二年，東坡兄弟京城同科進士及第。時眉山蘇宅池中同時盛開並蒂蓮花。九十四年十二月中國詩歌藝術學會《詩藝拾穗》。

八風亭

佳無不也千株樹
快何其哉八面風
八風亭楹聯

八風吹不倒(註一)
亭名緣此　轉化而來
八面受敵法(註二)
亭意由此　附會而建

小亭玲瓏　攢尖八角
遙對　式蘇軒
人間文風聚眉山
歷朝煙雨此祠堂

小亭臨風　青枝飛舞
花影亂人影

遙聽半潭秋水聲
一門三祠客
筆緣左右
文如萬斛泉源

八面來風
吹散滿腔　不合時宜
銅琶鐵板
風中高唱　大江東去
何其快意

註一：八風即八法，見〈天然臥佛〉註二。佛家認為八法貫通者，方能真正進入佛門。

註二：蘇軾少年讀書，每一書分作數次語，每次只注意一方面的問題，分門別類掌握。臨文時不管遇到那方面的問題，都能迎刃而解。他把這種學習方法稱為「八面受敵」法，學成後，為文便有八面來風之感。

九十四年十二月中國詩歌藝術學會《詩藝拾穗》。

作者簡介

※楊拯華　青島市人　三十五年七月三日生

※文化大學中文系畢業　政大教研所結業

※美國威斯康辛大學（麥迪遜校區）魏斯曼智能不足及人類發展中心特殊教育課程研習（民國六十八年）

※美國北科羅拉多大學特殊教育課程研習（民國八十七年）

※華岡詩社創辦人之一，曼陀羅詩社同仁，中國詩歌藝術學會會員

※六十年起擔任國立彰化仁愛實驗學校、國立台中啓聰學校、國立桃園啓智學校，導師、組長、安維祕書、主任、校長、專任教師，九十年八月一日退休

曾獲：

※台灣省六十八年度特殊優良教師

※七十年國際殘障年全國特教肢障教育優秀教師

※七十五年省政府表揚研考績優人員

※七十六年省政府社會處第一屆金毅獎

※教育部七十六學年度中小學人文及社會科學教師教具創作類乙等獎

※中華民國特殊教育學會慶祝成立二十週年優良特殊教育人員獎勵

※教育部七十九學年度中小學人文及社會學科教師特殊貢獻獎
※教育部八十學年度獎助特殊教育研究著作中學組甲等獎
※八十四年台灣省獎勵教育人員研究著作高中職組佳作獎
※桃園啓智協會推薦於八十八年三月二十八日接受中華民國智障者家長總會頒獎表揚
※教育部八十九年優秀教育人員獎

著作：

※二十四曲橋（新詩集，五十六年立志版，六十七年新生版）
※如夢令（新詩集，六十六年楓城版）
※山水歲月（新詩集）
※桃源行（特教論述、新詩、詩論）
※詩篇一百（新詩集）
※歐美日韓肢體障礙學校機構（合著）
※腦性麻痺兒童非口語溝通
※腦性麻痺兒童早期教學實驗計畫報告及其他（國立教育資料館編印之教育資料集刊第七輯列為特殊教育圖書肢障類代表作）
※指導特殊兒童的創意性教材（臺灣省中區七十五學年度國中教育階段特殊教育教材教具展覽優等獎）

※肢障兒童教育性遊戲（臺灣省中區七十五學年度國中教育階段特殊教育教材教具展覽優等獎）

※適合學前期腦性麻痺兒童使用的布利斯符號及教材

※教導和使用布利斯符號溝通法——腦性麻痺兒童的溝通訓練教材（上、下）

※腦性麻痺兒童個別化教育計畫暨職業復健教學手冊㈠輯

※腦性麻痺兒童個別化教學之研究（七十四學年度臺灣區高級職業學校教師及教育行政人員專題研究論文改進教材教法組優等獎及七十六學年度臺灣省學產基金獎勵）

※高職階段肢體殘障學生人格適應之探討（七十五學年度臺灣區高級職業學校教師及教育行政人員專題研究論文改進教材教法組甲等獎）

※奧妙的布利斯符號及教材（臺灣省中區七十六學年度國中教育階段特殊教育教材教具展覽特優獎）

※國字辭典部首字與布利斯符號對照及淺析（臺灣中區七十七學年度國中教育階段特殊教育教材教具展覽特優獎）

※腦性麻痺學童自我形相和人際關係認知等學習教材

※王充教育思想研究（七十六學年度臺灣區高級職業學校教師及教育行政人員專題研究論文人文及社會類甲等獎）

※部首字暨手語語義探源（合著）

※多重障礙（腦性麻痺、中重度智能不足）者學校建築設備之研究（七十八年度臺灣

區高級職業學校教師及教育行政人員專題研究論文人文及社會科學類優等獎）

※腦性麻痺學生之布利斯符號溝通法教學研究（教育部八十學年度獎助特殊教育研究著作中學組甲等獎）

※身心障礙學生教育研究論集㈠

※智能不足者職業教育論述彙編㈠輯

※腦性麻痺兒童早期教育研究（八十四年台灣省獎勵教育人員研究著作高中職組佳作獎）

※身心障礙（啓仁、啓智類）教育參考書目彙編㈠

研究報告：

中華民國特殊學校評鑑—台灣省立彰化仁愛實驗學校教育、復健工作報告（合撰）

※中華民國六十八年特殊教育教師美、加、日進修考察團肢體殘障組（腦性麻痺、多重障礙）資料目錄報告

※腦性麻痺學童教育設施報告

※資源（補救）教學方案芻議

※台灣省特殊教育學校肢體障礙、多重障礙教師七十二學年度教學參觀報告（合撰）